Alain VANIER

Lexique de psychanalyse

Collection Synthèse, série Philosophie
sous la direction de Jacqueline Russ

J.-C. BILLIER, *Kant et le kantisme.*
R. MISRAHI, *Spinoza et le spinozisme.*
G. SOUCHON, *Les grands courants de l'individualisme.*
F. STIRN, *Les grands penseurs contemporains.*

© Armand Colin / Masson, Paris, 1998
ISBN : 2-200-01914-9

Tous droits de traduction, d'adaptation et de reproduction par tous procédés réservés pour tous pays. Toute reproduction ou représentation intégrale ou partielle, par quelque procédé que ce soit, des pages publiées dans le présent ouvrage, faite sans l'autorisation de l'éditeur est illicite et constitue une contrefaçon. Seules sont autorisées, d'une part, les reproductions strictement réservées à l'usage privé du copiste et non destinées à une utilisation collective, et d'autre part, les courtes citations justifiées par le caractère scientifique ou d'information de l'œuvre dans laquelle elles sont incorporées (art. L. 122-4, L. 122-5 et L. 335-2 du Code de la propriété intellectuelle).

Danger, le photocopillage tue le livre ! Nous rappelons que toute reproduction, partielle ou totale, de la présente publication est interdite sans autorisation du Centre français d'exploitation du droit de copie (CFC, 20 rue des Grands-Augustins, 75006 Paris).

AVANT-PROPOS

Dans le cours de l'œuvre de Freud et de ses successeurs, les concepts de la psychanalyse ont subi de constants remaniements. Ce travail des concepts est partie inhérente de celui de la psychanalyse, où le chemin de l'élaboration est aussi important que son produit. Il s'est agi, ici, moins d'en donner exhaustivement les évolutions et les réélaborations successives, qui ont leur place dans des ouvrages de plus grande dimension, que de proposer quelques repères dans ce mouvement pour accompagner une première approche ou servir d'aide-mémoire.

NOTE À L'USAGE DU LECTEUR
Les astérisques renvoient à une autre entrée du lexique.

A

Abraham (Karl) (1877-1925)

Né à Brême, médecin, il se forme à la psychiatrie à la clinique du Burghölzli à Zurich, dirigée par Eugen Bleuler, où il rencontre Jung*. Il s'installe à Berlin en 1907, et rencontre Freud* à Vienne cette même année. Il est à l'origine de l'Institut Psychanalytique de Berlin, le premier au monde dans son genre, où s'élaboreront peu à peu les standards de la formation du psychanalyste* pour l'Association Internationale de Psychanalyse. Très lié à Freud, il échange avec lui une abondante correspondance, aujourd'hui publiée. Il s'intéressa aux psychoses, approfondit la théorie des stades* prégénitaux, etc. Il introduisit les notions d'objets partiels*, d'introjection*, d'incorporation*, etc.

Bibl. : *Œuvres Complètes* en deux volumes.

Abréaction

Notion issue de la première théorie traumatique de l'hystérie et de son traitement par la méthode cathartique*. Il s'agit de produire la décharge émotionnelle de l'affect* lié au trauma* psychique. L'abréaction peut avoir lieu spontanément ou plus tardivement au cours du traitement. La conception de celui-ci évoluera pour aboutir à la cure psychanalytique. Cette notion sera conçue alors comme une décharge émotionnelle se produisant quand se lève la résistance*, mais ne pourra plus être comprise comme simplement due à la liquidation de l'affect lié au trauma. Freud plus tardivement dira qu'il renonce à la notion d'abréaction de l'affect pour celle de découverte du refoulé.

Abstinence (règle d')

Principe de la cure analytique qui consiste à maintenir le maximum d'énergie psychique disponible pour le traitement. Ainsi le patient devra trouver le moins de satisfaction substitutive possible à ses symptômes, évitera de prendre des décisions importantes pen-

ACC

dant le temps de la cure, et l'analyste s'abstiendra de répondre aux demandes du patient et d'agir les rôles que le transfert* peut l'amener à incarner.

Accomplissement de désir

Formation de l'inconscient* par laquelle le sujet réalise imaginairement un désir*. Le rêve*, le fantasme*, mais aussi les symptômes* sont des accomplissements de désir.

Acte manqué

Acte dont la visée consciente n'est pas atteinte, les sujets attribuant cet échec au hasard ou à l'inattention. Il peut être considéré comme réussi sur le plan de l'inconscient*. En effet, l'acte manqué est une formation de compromis entre la visée consciente et le désir* inconscient dont il constitue un mode d'expression. Les oublis, les lapsus*, certaines actions ratées, etc., que Freud énumère et illustre dans *La Psychopathologie de la vie quotidienne*, constituent des actes manqués.

Acte analytique

Terme proposé par Lacan pour désigner ce qui dans l'analyse produit des effets de remaniement du sujet*. L'acte analytique n'est pas un faire, bien que l'interprétation*, avec ses conséquences sur le sens et la dimension de coupure qui lui est inhérente, puisse en donner un exemple. Cet acte a une condition qui est le passage de l'analysant à l'analyste, nommé, par Lacan, passe*. Car la psychanalyse est une action, dira Lacan : « L'être de l'analyste est en action, même dans son silence. » Cet acte est la façon dont le psychanalyste dans la cure pose et soutient l'hypothèse de l'inconscient et répond ainsi de la psychanalyse.

Acting-out

Agir par lequel le sujet met en acte, au lieu de se remémorer, des fantasmes, des désirs inconscients avec un sentiment d'actualité particulièrement vif. Cet acte, en attente d'être déchiffré, est adressé à un autre, le psychanalyste le plus souvent. L'acting-out est lié au transfert. Il est en ce sens à distinguer du passage à l'acte et témoigne dans la cure d'une difficulté liée à la position ou à une intervention de l'analyste. Ce terme a été traduit en français par *mise en acte* et correspond au terme allemand *agieren*.

Adler (Alfred) (1870-1937)

De formation médicale, il fait partie du premier cercle des élèves de Freud et se sépare en 1911 de celui-ci. Cette rupture constitue la première grande dissidence du mouvement analytique. Il développa une théorie qui minimisait la place de la sexualité pour insister sur l'existence d'un sentiment d'infériorité comme base de la névrose. Cette infériorité pour Adler peut être psychique mais tout aussi bien organique. Les comportements pathologiques s'expliquent par la volonté de la compenser. À son propos, Freud soulignera que son erreur principale est d'avoir voulu constituer un système, ce que la psychanalyse n'est pas.

Affect

Terme repris de la psychologie allemande (Wundt, etc.) et désignant toute émotion agréable ou non. Il est sur le plan qualitatif ce que sont les variations de quantité d'excitation sur le plan quantitatif. Cette émotion est corporelle ou psychique. Il est un des modes de manifestation de la pulsion*. Dans la névrose*, l'affect se sépare de la représentation de la pulsion ; il peut être converti*, déplacé* ou transformé.

Agressivité

Tendance à la destruction de l'autre. Elle s'expliquerait par l'effet de la pulsion de mort*. Pour Lacan, son origine est à rechercher sur un versant imaginaire. Le stade du miroir* montre qu'elle est au cœur du lien que le sujet entretient avec sa propre image, ce qui explique que cet autre, objet de l'agressivité, puisse être soi-même.

Ambivalence

Présence de deux sentiments ou de deux attitudes opposées chez un même sujet à l'égard d'un objet ; par exemple, l'amour et la haine. Ce terme a été emprunté par Freud* à Bleuler. C'est une caractéristique de la dynamique pulsionnelle où coexistent à la fois l'activité et la passivité, mais aussi de la théorie des pulsions* en général qui implique l'intrication d'une pulsion à son opposée. Elle est à rapporter à la notion freudienne de conflit*.

Anaclitique

Ce terme a été utilisé dans les traductions françaises de certains textes de Freud comme il l'avait été précédemment en anglais. Il est proposé pour le terme allemand *Anlehnung* qui est le plus souvent traduit par étayage*. Freud l'utilise dans sa théorie des pulsions et quand il traite du choix d'objet.

La dépression anaclitique créée par Spitz désigne le syndrome qui se produit chez le nourrisson privé brutalement de sa mère au cours de la première année après un temps de relation normale.

Anal (stade) : voir Stades du développement

Analyse didactique : voir Psychanalyste (formation du)

Angoisse

Affect de déplaisir se manifestant par des sensations physiques et psychiques. L'angoisse provient pour Freud de la libido* inemployée, c'est-à-dire sans objet. Son prototype se trouve dans les angoisses infantiles se déclenchant lors de l'absence de la mère. En 1926, Freud produit une deuxième théorie de l'angoisse. Il y distingue, d'une part, une angoisse originaire liée à une perte ou à une séparation, dont le modèle est toujours l'état de détresse* dans lequel se trouve le nourrisson lors de l'absence de la mère. Il y a, d'autre part, un second niveau d'angoisse où celle-ci a une fonc-

ANN

tion de signal et se manifeste quand se présente un danger de castration. Pour Lacan, cet affect surgit lorsque le sujet rencontre le désir* de l'Autre*. Ce n'est pas le manque d'objet qui provoque l'angoisse, comme pourrait le laisser penser la référence à la séparation, mais bien au contraire, c'est quand l'objet, fondamentalement manquant, a sa place occupée par quelque chose qui comble ce manque dont la fonction est structurante.

Annulation rétroactive

Mécanisme par lequel le sujet tente d'effacer des actes qu'il a agis, des pensées qu'il a eues, etc. Il s'agit d'un mécanisme de défense*, particulièrement manifeste dans la névrose obsessionnelle*.

Aphanisis

Disparition de la possibilité de jouir et du désir sexuel. Terme introduit par Jones* au cours de ses recherches sur la sexualité féminine. La crainte de l'aphanisis serait un élément plus ancien que l'angoisse de castration et serait commune aux deux sexes. Lacan reprendra ce terme mais selon lui cette crainte se ramène en fait à la castration. Il l'utilisera pour désigner un effet dans l'opération constitutive du sujet, représenté par un signifiant pour un autre signifiant.

Appareil psychique

Notion introduite par Freud pour désigner l'organisation et le lieu où se déroulent les processus inconscients. C'est une fiction destinée à produire pour la métapsychologie* un modèle spatial constitué d'instances ou de systèmes. Cette notion avancée en particulier lors de *L'Interprétation des rêves* se maintiendra lorsque Freud proposera sa seconde topique*.

Après-coup

Caractère spécifique de la temporalité psychique. Cette notion, mise en valeur par Lacan*, apparaît dès les premiers travaux de

Freud, en particulier à propos du traumatisme*, puisqu'il faut, pour que celui-ci ait lieu, un deuxième temps après la scène vécue trop tôt pour avoir un sens quelconque. Ce second temps plus tardif donne à ce premier événement son sens. De même, l'instauration de la sexualité humaine en deux temps séparés par une phase de latence correspond à la nécessité de penser un après-coup – la puberté – du premier temps du développement.

Association

Ce terme, emprunté par Freud à la théorie associationniste allemande, désigne les liaisons entre des éléments psychiques qui s'organisent en chaînes associatives. Cette organisation explique le déterminisme de la vie psychique tel qu'il se manifeste, par exemple, dans la production d'un rêve. Un élément peut être substitué à un autre parce qu'ils appartiennent à la même chaîne associative.

Attention flottante

Disposition, pour Freud, de l'écoute de l'analyste dans la cure. Il ne doit privilégier aucune partie du discours de l'analysant et ne pas se laisser orienter par ce qui conduit habituellement son attention. L'attention flottante est le pendant, dans la règle fondamentale*, de la méthode de libre association* qui constitue la tâche de l'analysant. Elle n'est pas un acte simplement volontaire de la part de l'analyste. Il faut, pour qu'il puisse s'y tenir, avoir lui-même été analysé, précise Freud.

Autisme

Syndrome décrit par Kanner en 1943 concernant des enfants présentant des perturbations de contact affectif. Enfermés sur eux-mêmes, repliés, ces enfants considèrent leur environnement avec indifférence et fuient tout contact direct. Leur comportement est stéréotypé, tout comme le langage quand il existe. Ce terme avait été introduit par Bleuler comme l'un des éléments constitutifs de la schizophrénie.

AUT

Auto-analyse

La méthode psychanalytique témoigne en principe de l'impossibilité de l'auto-analyse, c'est-à-dire de l'analyse du sujet par lui-même. Freud aurait fait exception à l'origine de la psychanalyse. Pourtant lui-même disait qu'il ne pouvait pratiquer cette auto-analyse qu'à condition de s'analyser comme un autre. Des travaux récents ont montré l'importance de l'entourage de Freud, de certaines relations privilégiées ainsi que de ses patients dans ce qu'il est convenu d'appeler auto-analyse. Le terme reste néanmoins à utiliser avec une extrême prudence. Il peut également désigner le travail que continue de faire un psychanalyste après la fin de son analyse, laquelle a modifié le rapport à soi-même.

Auto-érotisme

Comportement sexuel infantile dans lequel une pulsion partielle pousse à la satisfaction sans recourir à un objet externe, mais se satisfait dans le corps propre du sujet. Freud précisera d'ailleurs que seules les deux premières années de la vie peuvent être qualifiées ainsi. Ainsi la masturbation accompagnée de fantasmes* n'est pas purement auto-érotique.

Autre, autre

La relation à l'autre est pour Freud fondamentale dans la constitution du sujet, ce qui lui permettra d'affirmer qu'il n'y a pas de distinction véritable entre psychologie individuelle et psychologie collective. Mais c'est à Lacan que l'on doit d'avoir précisé cette fonction en distinguant l'autre de l'Autre. L'autre désigne le semblable, le partenaire imaginaire*, avec qui entrent en jeu les phénomènes d'identification imaginaire. Au-delà de cette relation, où l'altérité du fait de l'identification tend à s'effacer, intervient le grand Autre. Lacan l'écrit avec une majuscule, comme tout ce qui est du ressort du Symbolique*. Il désigne une place essentielle à la structure du Symbolique et se confond à la limite avec le langage. C'est ce qui permettra à Lacan d'énoncer : « L'inconscient est le discours de l'Autre. » Car il est aussi le lieu immaîtrisable à partir duquel le sujet s'est constitué.

B

Balint (Michael) (1896-1970)

Médecin et psychanalyste hongrois, il émigre en 1939 à Londres où il fonde la Tavistock Clinic. Il forgea plusieurs notions nouvelles, dont celle d'amour primaire qui correspond à la relation fondamentale, même sur un plan biologique, à la mère pour l'enfant dans les tout premiers temps, la notion de défaut fondamental expliquant la pathologie de certaines sujets. Enfin, il s'intéressa particulièrement aux relations entre le médecin et son malade dans la relation médicale normale et mit au point une technique qui, par le moyen de groupes, appelés groupes Balint, doit permettre au praticien de saisir les clés inconscientes avec lesquelles il rencontre son patient.

Bibl. : *Le Médecin, son malade et la maladie*; *Amour primaire et technique psychanalytique*; *Le Défaut fondamental*; etc.

Bénéfice

Pour Freud, si la névrose* existe, c'est qu'elle apporte un certain mode de satisfaction au sujet. Freud distingue bénéfice primaire et secondaire de la maladie. Le bénéfice primaire correspond au symptôme*, formation de compromis* qui permet d'obtenir une satisfaction sexuelle substitutive. Le bénéfice secondaire, dont la démarcation d'avec le bénéfice primaire n'est pas toujours simple, peut se comprendre comme quelque chose que le sujet obtient en plus du fait de sa maladie, par exemple, attention majorée de la part de son entourage, gains matériels, etc.

Besoin de punition

Notion proposée par Freud à l'origine du comportement de certains sujets, recherchant de façon répétée des situations pénibles et humiliantes. Il est à relier à la culpabilité* et au masochisme* et, en dernier ressort, à la pulsion de mort*.

BET

Bettelheim (Bruno) (1903-1990)

Psychanalyste né à Vienne, il émigre aux États-Unis en 1939, après avoir été déporté à Dachau, puis à Buchenwald. De cette expérience, il retire la notion de « situation extrême » et il étudie les comportements des sujets placés dans de telles situations. Aux États-Unis, il dirige l'Institut Orthogénique de Chicago où il accueille des enfants autistes. De nombreux travaux proposent théories et modalités de traitement de l'autisme, qu'il conçoit comme une réaction à une situation extrême vécue précocement par ces enfants.

Bibl. : *La Forteresse vide*; etc.

Binswanger (Ludwig) (1881-1966)

Psychiatre suisse, il travaille au Burghölzli sous la direction de Bleuler et y rencontre Abraham* et Jung*. Il tente de produire une théorie qui mêle phénoménologie et psychanalyse.

Bibl. : *Introduction à l'analyse existentielle*; *Étude sur la schizophrénie*; *Discours, parcours et Freud*; etc.

Bion (Wilfred Ruprecht) (1897-1979)

Psychiatre et psychanalyste britannique, élève de Mélanie Klein, il est l'auteur d'une œuvre originale et importante. S'intéressant d'abord à la psychologie des petits groupes, puis à la psychose, il développe une théorie complexe avec laquelle il essaie de formaliser les élaborations freudiennes.

Bibl. : *Recherches sur les petits groupes*; *Aux sources de l'expérience*; *Transformations*; etc.

Bisexualité

Désigne la présence chez tout être humain, tant sur le plan biologique que sur le plan psychique, de composantes des deux sexes. Ce terme est emprunté par Freud à Fliess*, bien qu'existant déjà dans la pensée de l'époque. Si Freud maintiendra toujours l'existence d'une bisexualité chez tout sujet, la partie ne correspondant pas à l'identification sexuelle du sujet subissant un refoulement, ce terme restera pour lui quelque peu marqué d'obscurité, en particulier du fait de ses racines biologiques.

Breuer (Joseph) (1842-1925)

Médecin autrichien, il fut le coauteur avec Freud des *Études sur l'hystérie*. En effet, c'est par l'analyse d'Anna O. que fut mise au point la méthode cathartique*. Le récit de cette cure intéressa Freud, qui proposera à Breuer, après son retour de Paris et sa rencontre avec Charcot, d'écrire un livre sur l'hystérie. Malgré leur éloignement ultérieur, Freud présentera souvent celui-ci comme l'inventeur de la psychanalyse.

But : voir Pulsion

Ça

L'une des trois instances de la seconde topique* freudienne avec le Moi* et le Surmoi*. Terme emprunté à Groddeck*, il désigne pour Freud un lieu totalement inconscient, réservoir d'émotions pulsionnelles, de vie et de mort. Le Ça contient le refoulé, mais pas seulement. On y trouve également des éléments phylogénétiques qui n'ont pas été acquis au cours de l'histoire du sujet. Il est à la fois la part la plus difficile d'accès des instances psychiques, car totalement inconscient, en même temps le conquérir est la tâche de la psychanalyse : faire advenir du Moi, là où était le Ça. Lacan, en distinguant le Moi* et le sujet* de l'inconscient, précisera que c'est ce dernier qu'il faut entendre dans cette formule.

Castration (complexe de)

Confronté à la différence anatomique des sexes, le garçon pourra craindre d'être castré, comme il a pu se sentir menacé de l'être, par exemple lors d'activités masturbatoires. Quant à la fille, l'absence de pénis est ressentie comme une privation. Au-delà de ces occurrences, le complexe de castration est au cœur du complexe d'Œdipe* ; il marque chez le garçon son déclin avec le renoncement aux désirs œdipiens, pour préserver son organe. La fille, par contre, cherchera réparation dans la promesse d'un enfant à venir. C'est sur l'aspect normatif de ce complexe que Lacan mettra l'accent ; il soulignera que ce n'est pas le pénis qui est en jeu dans la castration mais le phallus* en tant qu'objet imaginaire. Il le relie à la fonction symbolique du père*, qui intervient pour déloger l'enfant de la place première où il s'identifie à ce phallus pouvant répondre au désir maternel. Ce que le père transmet alors, c'est l'interdit de l'inceste. Cette opération fait passer le phallus d'objet imaginaire à une fonction de signifiant*. D'acquérir une fonction signifiante, le phallus* est alors indice du manque qui permet au sujet d'accéder au désir*. Névroses* et perversions* sont des modalités de défense* contre la castration.

Cathartique (méthode)

Traitement inventé par Breuer* et Freud* visant à produire une décharge, une «purgation» du symptôme*, en permettant au sujet de revivre la situation traumatique à l'origine de celui-ci.

Censure

Fonction de l'appareil psychique empêchant le passage des désirs* inconscients à la conscience*. Freud évoque la censure politique pour ce faire. En effet, c'est bien comme un texte censuré, c'est-à-dire déformé et manquant d'un certain nombre de mots ou de phrases, que se manifestent à la conscience les désirs inconscients.

Choix d'objet

Désigne le choix fait d'une personne ou d'un type de personne comme objet d'amour. Pour Freud, ce choix se fait suivant deux grandes modalités : le choix d'objet narcissique et le choix d'objet par étayage. Dans le choix d'objet narcissique, la personne est choisie sur le modèle de la relation du sujet à lui-même. On aimera alors, selon Freud, ce que l'on est (soi-même), ce que l'on a été, ce que l'on voudrait être, la personne qui a été une partie de la personne propre. Dans le choix d'objet par étayage, le choix se fait sur le modèle des figures parentales qui furent celles qui assurèrent à l'enfant la satisfaction des besoins nécessaires à la conservation de la vie. Ce qui témoigne de l'étayage des pulsions sexuelles sur les pulsions d'auto-conservation. Dans ce type de choix d'objet on aime la femme qui nourrit, l'homme qui protège et les lignées de personnes substitutives qui en procèdent.

Chose

Notion proposée par Lacan* pour désigner l'objet de l'inceste : la mère interdite et perdue. Freud, dans *L'Esquisse*, indiquait que le complexe d'autrui se divisait en deux parties, «l'une donnant une impression de structure permanente et restant un tout cohérent, tan-

CLI

dis que l'autre peut être comprise grâce à une activité mnémonique ». Cette part immuable est au cœur du sujet, elle est inatteignable et Lacan, dans son séminaire sur l'Éthique, l'identifiera au Souverain Bien. Elle est de l'ordre du Réel*.

Clivage de l'objet

Notion proposée par Melanie Klein* pour désigner le mécanisme premier de défense contre l'angoisse*. Ce premier objet de la pulsion – le sein – est tout à la fois intéressé par les pulsions érotiques et par les pulsions destructrices. Il est alors clivé en bon et mauvais objet. Ce mécanisme intervient particulièrement dans la position paranoïde-schizoïde*, mais ce mécanisme continuera à être utilisé par la suite.

Clivage du moi

Coexistence dans le moi de deux attitudes contradictoires à l'égard de la réalité extérieure quand celle-ci contrarie une exigence pulsionnelle. L'une de ces attitudes est caractérisée par le déni*. Ainsi le fétichiste dénie l'absence de pénis chez la femme malgré la perception, ce qui a comme conséquence la création du fétiche. Mais, en même temps, il reconnaît ce manque de pénis. Si Freud propose ce terme en 1927 dans son article sur le fétichisme*, il retrouvera cette défense à l'œuvre dans la psychose*. Pour Lacan, ce clivage est aussi à mettre en relation avec la division du sujet*.

Complexe d'Œdipe : voir Œdipe

Compromis (formation de)

Formation par laquelle le refoulé* fait retour dans le symptôme* ou les formations de l'inconscient* et lui permet d'être admis par la conscience, puisqu'il n'y est pas reconnu.

Compulsion de répétition : voir Répétition

Condensation

Procédé du rêve*, des formations de l'inconscient*, du mot d'esprit, etc., caractérisant le fonctionnement de l'inconscient* selon les modes du processus primaire*. Ainsi dans le rêve, un même élément pourra renvoyer à plusieurs éléments inconscients différents.

Conflit psychique

Désigne l'opposition entre des représentations inconciliables et des désirs* ou des motions pulsionnelles opposés, voire des instances* psychiques (inconscient d'une part, préconscient-conscient de l'autre, dans la seconde topique* le Moi peut être en conflit avec le Ça, ou avec le Surmoi, ou avec le monde extérieur). Le conflit est bien sûr présent au cœur du complexe d'Œdipe*, mais aussi dans la dynamique pulsionnelle où chaque pulsion* est intriquée avec la pulsion antagoniste avec laquelle elle est en conflit. Le conflit est une notion fondamentale au cœur de la structure du sujet.

Conscience

Élément du système perception-conscience qui prend place dans la première théorie freudienne de l'appareil psychique*. Ce système est le lieu où arrivent les informations du monde extérieur et du monde intérieur mais où, à la différence de l'inconscient et du préconscient, ne s'inscrit aucune trace des excitations, car, pour Freud, mémoire et conscience s'excluent. Dans la conscience règne le processus secondaire*. Bien que la conscience fasse partie de la première topique*, cette notion n'a pas donné lieu à de nombreux développements chez Freud. Il la compare à un organe des sens recevant ses contenus d'ailleurs. Lacan situera la conscience du côté du Moi*, qu'il distingue du sujet de l'inconscient*, c'est-à-dire du côté de l'Imaginaire*.

Constance (principe de)

Principe selon lequel l'appareil psychique tend à maintenir à un niveau constant, le plus bas possible, la quantité d'excitation. Freud envisage le déplaisir comme l'augmentation de la quantité d'excitation, et le plaisir comme sa diminution. On saisit ainsi le lien entre principe de constance et principe de plaisir*, ce but-là est le fondement de celui-ci. Il est délicat de les distinguer de ce que Freud appellera principe de Nirvana*, qui est la tendance de l'appareil psychique à revenir au niveau zéro des excitations. Mais Freud indique dans ses premiers travaux que cette tendance à se maintenir au niveau zéro n'est envisageable que pour un système neuronique primaire. Pour un système neuronique plus complexe, c'est le principe de constance qui intervient.

Construction

Élaboration de l'analyste destinée à reconstituer des éléments oubliés par le sujet et qu'il ne peut se remémorer. La visée de la cure analytique pour Freud est la levée de l'amnésie infantile, or il y a un point limite à la remémoration au-delà duquel il s'agit de construire ce qui ne peut être retrouvé. Ce type d'intervention de l'analyste dans la cure est différent de l'interprétation qui suppose un matériel disponible. D'une façon plus générale, ce terme renvoie à l'une des tâches de l'analyste, qui construit le cas, repère les répétitions, etc.

Contenu (latent, manifeste) : voir Rêve

Contre-investissement

Processus tendant à maintenir les représentations refoulées* dans l'inconscient*. Un investissement est attaché à une représentation qui va être refoulée. Le refoulement détache cette représentation de son investissement et produit une énergie devenue disponible qui va servir au contre-investissement à maintenir le refoulement. Le contre-investissement est à l'œuvre dans la plupart des mécanismes de défense*.

Contre-transfert

Il désigne les effets qu'a l'influence du patient sur la sensibilité inconsciente du médecin. C'est pour éviter que le contre-transfert

CON

trop important de l'analyste n'empêche l'analyse du patient que l'analyste doit avoir subi une analyse et doit la poursuivre de façon permanente ensuite, lorsqu'il est amené lui-même à diriger des cures. Il faut noter que ce terme est rare dans l'œuvre de Freud et qu'il connaîtra une grande extension chez les post-freudiens. Lacan le discutera sans pour autant le récuser. Il le situe en critiquant la symétrie imaginaire qu'il introduit entre l'analyste et l'analysant. Il convient plutôt de concevoir le transfert* comme une situation dans laquelle l'analyste et l'analysant sont pris. Lacan proposera, pour éclairer cette situation, le terme de désir de l'analyste*.

Contrôle : voir Psychanalyste (formation du)

Conversion

Mécanisme par lequel un conflit* psychique est transposé dans des manifestations somatiques. Le conflit est rendu en quelque sorte inoffensif par cette transposition. En retour, ces symptômes qui se manifestent dans le corps sont à déchiffrer et Freud les compare à des hiéroglyphes. Ce mécanisme est spécifique de l'hystérie* et plus particulièrement de l'hystérie de conversion. Les symptômes présents dans le corps ont une valeur symbolique. Cette opération est une solution pour le conflit psychique car la libido* est alors détachée de la représentation et investie dans les symptômes somatiques.

Culpabilité (sentiment de)

« Sentiment » conscient ou inconscient lié à un acte répréhensible ou à un sentiment d'indignité. Freud l'a tout d'abord rencontré dans la névrose obsessionnelle* puis dans la mélancolie*. Il se rattache au complexe d'Œdipe* et correspond dans le Moi* à la perception de la critique du Surmoi*. Il est lié à la conscience morale, et il a, pour Freud, un rôle capital dans la civilisation. Il est en effet le lieu d'un paradoxe puisque l'avancée de la civilisation nécessite le renforcement du sentiment de culpabilité, outil de maintien de l'unité des masses. Or son renforcement a comme effet une perte de bonheur.

D

Défense

Mécanisme par lequel le Moi se protège d'une représentation inconciliable qui le met en danger. À la différence des excitations externes que l'on peut fuir, le Moi pour se protéger des excitations internes, c'est-à-dire de la pulsion*, produit une organisation défensive. C'est un mécanisme normal qui est lié au principe de constance*, c'est-à-dire à l'évitement de l'augmentation de tension, qui correspond au déplaisir. Il est inconscient. Très tôt, Freud opposera les psychonévroses de défense aux névroses actuelles, par exemple, et rattachera de façon spécifique certains mécanismes de défense à certaines névroses. Ainsi la conversion* pour l'hystérie*, la substitution* pour la névrose obsessionnelle* qui se manifeste par l'isolation*, l'annulation rétroactive*, et la projection pour la paranoïa*. D'autres mécanismes de défense sont à noter, comme la transformation dans le contraire*, le retournement sur la personne propre*, etc. Le refoulement* est un mécanisme de défense auquel il convient de donner un statut particulier, car il est en quelque sorte le mécanisme de défense par excellence, puisqu'il est également constitutif de l'inconscient. La défense n'est pas nécessairement pathologique, elle ne l'est que lorsque face à une excitation interne déplaisante, il n'y a pas eu d'apprentissage défensif initial. Pour Freud, cette condition n'est remplie que dans le domaine de la sexualité.

Déformation

Désigne l'ensemble du travail du rêve*. Le passage du contenu latent au contenu manifeste est produit par la déformation.

Délire

Pour Freud le délire a sa source dans le conflit psychique*. Il est une tentative de guérison de la psychose*, il est «comme une pièce appliquée là où originellement était apparue une déchirure dans la relation du Moi au monde extérieur». Il vise à reconstruire ce monde extérieur et n'est pas sans contenir «une parcelle de vérité».

Demande

Lacan a articulé ce terme à ceux de besoin et de désir*. La demande témoigne de ce que, dès le départ, le petit d'homme, dans la dépendance de l'Autre* pour la satisfaction de ses besoins, se doit d'en passer par la parole et le langage de cet Autre. Dès lors, au-delà de la satisfaction du besoin, ce qui est demandé est de l'ordre du don, c'est-à-dire l'amour de l'Autre.

Dénégation

Expression sur un mode négatif d'un désir*, d'une pensée refoulée. Il est donc un des modes du devenir conscient des pensées refoulées qui sont ainsi dites en étant niées. Freud soulignera que la manifestation du refoulé se marque très souvent par une dénégation du type « je n'ai pas pensé cela ». Ainsi, « la négation est une manière de prendre connaissance du refoulé, à vrai dire déjà une suppression du refoulement, mais certes pas une admission du refoulé ».

Déni

Mécanisme de défense par lequel le sujet ne reconnaît pas la réalité d'une perception traumatisante, en particulier l'absence de pénis chez la femme. Il s'agit pour l'enfant d'un mode de protection contre la menace de castration* qui consiste à maintenir un certain temps la croyance à la présence d'un phallus* chez la mère. Ce mécanisme devient pathologique s'il se maintient chez l'adulte, par exemple dans le fétichisme* où le sujet élit le fétiche comme substitut du phallus maternel qui lui permet de maintenir sa croyance, tout en admettant la réalité de la castration, ce dont, d'une certaine manière, l'existence même du fétiche témoigne. Freud considère que ce mécanisme chez l'adulte se retrouve non seulement dans le fétichisme, mais aussi dans les psychoses. Lacan proposera de réserver ce terme pour caractériser le mécanisme propre aux perversions, et proposera d'autres traductions du terme allemand *Verleugnung*, comme désaveu, ou plus tard démenti. Pour la psychose, il proposera le terme de forclusion*.

DEP

Déplacement

Mécanisme caractéristique, avec la condensation*, du processus primaire*. C'est dans le rêve que Freud met au jour ce processus. La quantité d'énergie normalement attachée à une représentation inconsciente peut être déplacée sur une autre de moindre importance, le long d'une chaîne associative.

Désinvestissement

Retrait de l'investissement attaché à une représentation inconsciente. Dans le refoulement*, les représentations* devenues inconscientes perdent l'énergie à laquelle elles étaient liées et celle-ci devient disponible pour être contre-investie*.

Désir

Selon Freud, mouvement tendant à réinvestir, lors du retour du besoin, les traces mnésiques* permettant de rétablir la situation de la première satisfaction de ce besoin. «Désirer a dû être d'abord un investissement hallucinatoire du souvenir de la satisfaction.» Tout rêve* est ainsi un accomplissement de désir. Mais ce terme est utilisé pour traduire plusieurs termes différents du texte allemand de Freud. C'est l'insistance de Freud sur le rétablissement des signes liés aux premières expériences de satisfaction qui conduit Lacan à articuler le désir au langage, au Symbolique*. Lacan donnera du désir une définition plus spécifique en l'articulant au besoin et à la demande*. Il écrit : «Le désir s'ébauche dans la marge où la demande se déchire du besoin.» D'être parlant, inscrit dans l'ordre du langage, le sujet, pour satisfaire son besoin ne peut que demander, c'est-à-dire en passer par les signifiants* de l'Autre* et le désir est ce reste jamais satisfait qui fait que l'objet premier de la satisfaction est, dans la perspective freudienne, un objet fondamentalement perdu. C'est ce qui lie le désir au manque. Or le manque est un effet même du langage puisque le nom de l'objet n'est pas l'objet. Comme en témoigne Freud dès *L'Interprétation des rêves*, le désir peut porter sur l'insatisfaction du désir. C'est le cas de l'hystérie*, mais aussi de toute névrose qui veut maintenir un désir insatisfait, pour conserver l'espoir d'une possible satisfaction. Cette dimension indique un défaut d'articulation à la loi symbolique, c'est-à-dire à l'interdit de l'inceste qui marque l'objet qui pourrait pleinement satisfaire. Or c'est à cet espoir-là précisément que le névrosé ne peut renoncer. Par sa constitution même, le désir de l'homme est le désir de l'Autre. Freud, dans *L'Esquisse, une psychologie scientifique*, avait indiqué comment la mère interprète comme une demande les cris de son enfant, auxquels elle répond non seulement en apportant la satisfaction du besoin, mais aussi par des paroles, en l'introduisant dès lors dans l'ordre du langage.

Désir de l'analyste : voir Psychanalyste (formation du)

Détresse

Situation du nourrisson qui se trouve totalement dépendant pour la satisfaction de ses besoins de la mère, à qui de ce fait est conférée la toute-puissance. En effet, le nourrisson est incapable de mettre fin par lui-même à l'augmentation de la tension interne. Celle-ci est à mettre en relation avec la prématuration de l'être humain, dont Lacan fait une condition nécessaire du stade du miroir*. Cet état de détresse est aussi ce qui explique que l'enfant tend à reproduire l'expérience de satisfaction sur un mode hallucinatoire.

Deuil

État accompagnant la perte d'un objet particulièrement investi. Sur le plan psychique, il engage selon le mot de Freud un «travail de deuil», qui consiste en un désinvestissement progressif de l'objet et de ce qui s'y rattache. L'échec de ce travail est patent dans la mélancolie*. La dimension du deuil est présente aux différentes étapes de l'évolution de l'enfant et en particulier au moment de la position dépressive*.

DIS

Discours

Nom que Lacan donne au lien social en tant qu'il « prend ses effets de l'inconscient ». Parce que le sujet, dès avant sa naissance, est parlé, avant d'être parlant, en un certain nombre de signifiants qui vont le déterminer, Lacan pourra dire que l'inconscient est le discours de l'Autre. Tout lien social en ce sens se définit comme lié aux effets de l'inconscient, ce qui suppose pour Lacan une batterie de quatre termes qu'il définit ainsi : S_1, le signifiant maître ; S_2, le savoir ; S, le sujet ; *a*, l'objet *a* qu'ici Lacan appelle plus-de-jouir. Ces quatre termes occupent quatre places qui sont celles de l'agent, de l'Autre, de la vérité, de la production du discours. Par permutation des termes dans les places, on obtient quatre discours qui sont ceux du Maître, de l'Université, de l'Hystérique, de l'Analyste, auxquels Lacan ajoutera plus tardivement un cinquième qu'il nomme discours du capitaliste, qui constituent et résumeraient pour lui les diverses modalités du lien social. Ces permutations qui font passer d'un discours à un autre se retrouvent dans le mouvement même de la cure analytique.

Dolto (Françoise) (1908-1988)

Voulant être médecin d'éducation, elle devient psychiatre et psychanalyste ; elle fut une pionnière et sans doute la figure la plus importante en France de la psychanalyse d'enfant. Clinicienne exceptionnelle, on lui doit non seulement une méthode, ainsi qu'une action qu'on peut qualifier de militante en faveur des enfants dans le sens que Freud lui-même souhaitait, d'une prophylaxie des troubles mentaux, pour laquelle elle utilisa les médias, mais aussi une œuvre clinique et théorique qui est peut-être encore méconnue malgré ou à cause de sa célébrité médiatique.

Bibl. : *Psychanalyse et pédiatrie ; Le Cas Dominique ; Au jeu du désir ; L'Image inconsciente du corps ; Solitude ; Le Sentiment de soi ;* etc.

Dynamique

Qualifie ce qui dans le psychisme est lié au conflit* de forces pulsionnelles.

E

Économique

Qualifie ce qui se rapporte à l'énergie psychique considérée sous le point de vue quantitatif. Dans cette perspective, on parlera d'augmentation, de diminution, de constance de l'énergie psychique.

Élaboration psychique

Travail de l'appareil psychique* pour traiter les excitations qui lui parviennent de façon à ce que, conformément au principe de plaisir*, elles restent à un niveau le plus bas et le plus constant possible. Elle consiste à les intégrer en établissant entre elles des connexions.

Élaboration secondaire : voir Rêve

Énergie libre-énergie liée

Du point de vue économique, l'énergie libre est mobile et cherche une décharge rapide et complète. Elle correspond au fonctionnement du processus primaire* et caractérise le système inconscient*. L'énergie liée a un mouvement retardé et contrôlé vers la décharge car elle s'est accumulée dans certains sites. Elle caractérise le processus secondaire* et appartient au système préconscient-conscient*.

Énonciation, énoncé

Termes introduits par Lacan pour spécifier le discours au niveau inconscient* et conscient*. Lacan reprend cette distinction aux linguistes : l'énonciation est du côté de l'acte de parole et l'énoncé du côté du produit de cet acte. Lacan utilise principalement cette distinction pour mettre en avant la notion d'un sujet de l'énonciation, nulle part présent dans l'énoncé, où il est indiqué par un *shifter* (embrayeur) comme le « Je ». Ce « Je », qui est ce que tout un cha-

ENV

cun utilise quand il parle, ne peut donc signifier ce sujet d'énonciation, mais seulement l'indiquer dans l'énoncé.

Envie

Motion inconsciente primaire envers un objet pour se l'approprier ou le détruire. Cette notion, introduite par Melanie Klein*, correspond à la position paranoïde-schizoïde*, à la façon dont le sujet attaque le sein maternel. Ce terme est couplé dans l'œuvre kleinienne avec un autre auquel il s'oppose, qui est le terme de gratitude.

Envie du pénis

Pour Freud, notion fondamentale de la sexualité féminine, provenant de la découverte par la petite fille de la différence des sexes, celle-ci se sentant privée de ce que les garçons possèdent. C'est de l'envie du pénis que procède le désir d'enfant comme substitut, mais aussi l'envie de jouir du pénis dans le coït. C'est un point fondamental pour Freud puisqu'il le désignera comme une butée de la cure analytique. L'insistance mise par Freud sur cette notion renvoie à la fonction du phallus*, centrale pour les deux sexes. L'envie du pénis explique également, pour Freud, dans la sexualité féminine, le passage du clitoris comme zone érogène au vagin, ainsi qu'un changement d'objet, de la mère qui est alors dépréciée car châtrée et à qui s'adresse le reproche de ne pas avoir donné un pénis, vers le père, porteur d'une promesse phallique.

Épreuve de réalité

Mode de fonctionnement de l'appareil psychique* établissant la distinction pour le sujet entre stimuli externes et stimuli internes. Pour Freud, il n'y a pas dans l'appareil psychique d'indice permettant de distinguer une représentation investie de la perception de l'objet. Pour cette raison, l'hallucination a une fonction fondamentale pour l'appareil psychique, elle est le mode sur lequel le désir se satisfait en premier. L'épreuve de réalité est ce qui permet au Moi de distinguer l'hallucination de la perception, elle consiste en un dispositif du Moi de l'ordre d'une inhibition du souvenir qui permet ainsi de le distinguer d'une perception. Mais ce terme reste complexe et quelque peu obscur autant chez Freud que chez les post-freudiens.

Eros

Nom donné par Freud pour désigner l'ensemble des pulsions de vie par opposition aux pulsions de mort*, dans sa dernière théorie pulsionnelle. L'Eros est pour Freud ce qui a tendance à réunir, «à provoquer et à maintenir la cohésion des parties de la substance vivante». Eros vise à donner forme à des unités de plus en plus grandes pour conserver la permanence de la vie. Substituer Eros, l'amour, aux pulsions sexuelles des théories précédentes change quelque peu la nature de celles-ci et permet d'éviter le risque de confondre le sexuel avec la génitalité.

État-limite

Notion introduite par les psychanalystes anglo-saxons pour désigner une catégorie nosographique se situant à la frontière de la névrose et de la psychose. Il s'agit d'un type de personnalité, caractérisée par une relation d'objet anaclitique*, et des comportements de séduction visant à éviter le risque dépressif. Souvent hyperactifs, ces sujets peuvent se présenter comme tout à fait adaptées socialement. Les passages à l'acte sont fréquents, ce sont des modalités de règlement des conflits inconscients, l'abus de toxiques et les accidents psychiatriques variés ne sont pas rares. État-limite est la traduction de ce que les Anglo-Saxons dénomment *borderline* et qui est aussi traduit en français parfois par cas-limite.

Étayage

Désigne le lien initial des pulsions* sexuelles et des pulsions d'auto-conservation. «L'activité sexuelle s'étaye tout d'abord sur une des fonctions servant à la conservation de la vie et ne s'en

ETA

affranchit que plus tard. » Au départ, la satisfaction de la pulsion orale s'appuie sur la satisfaction alimentaire. Lors de leur désintrication, pulsion sexuelle devient alors auto-érotique*. De la même manière, Freud parlera de choix d'objet* par étayage quand celui-ci est orienté vers des prototypes de personnes ayant servi à la satisfaction des pulsions d'auto-conservation.

F

Fantasme

Scénario imaginaire mettant en scène de façon déformée par les défenses* l'accomplissement d'un désir* inconscient. Le fantasme peut être conscient ou inconscient. Il est l'expression d'un désir refoulé, mais sert aussi de prototype aux désirs actuels conscients ou inconscients du sujet. Cette notion émerge chez Freud avec l'abandon de la théorie de la séduction*. En effet, les scènes de séduction dont ses patientes auraient été l'objet de la part d'une figure paternelle, Freud finit par les situer dans le fantasme car il a, dit-il, «la conviction qu'il n'existe dans l'inconscient aucun "indice de réalité", de telle sorte qu'il est impossible de distinguer l'une de l'autre la vérité et la fiction investie d'affect». Les fantasmes sont produits par une combinaison inconsciente de choses vécues et de choses entendues, non comprises sur le moment et qui ne seront utilisées qu'après-coup. Il véhicule un désir inconscient et cherche aussi sa réalisation actuelle ; il est donc présent dans les formations de l'inconscient*, les rêves diurnes et dans les conduites du sujet.

Certains fantasmes ont un caractère universel ; Freud les nomme fantasmes originaires. Ainsi la scène primitive*, les scènes de castration, de séduction, etc., se rapportent aux origines. Ils seraient transmis de façon phylogénétique.

Lacan insistera à la suite de Freud sur la dimension langagière du fantasme, production imaginaire, mais aussi symbolique recouvrant le Réel. Il proposera une écriture du fantasme où il met en relation le sujet* de l'inconscient en tant que soumis au langage, avec l'objet a* dans une relation particulière. Le fantasme a donc comme fonction de recouvrir le Réel et de donner son cadre à la réalité. Il a une fonction de voile par rapport à la division du sujet, car il est un effet de la castration* et constitue une protection contre sa dépendance absolue aux signifiants*. Lacan montrera qu'il y a un type de fantasme caractéristique de chaque structure et en fera l'un des enjeux cruciaux de la fin d'analyse.

FER

Ferenczi (Sandor) (1873-1933)

Psychiatre hongrois, formé à Vienne, il pratiquera la psychanalyse à Budapest. Il appartint au cercle le plus proche de Freud et échangea avec lui une correspondance abondante. Ses travaux principaux concernent la question de la relation analytique et du transfert. Il produit le concept d'introjection*. Ses relations avec Freud furent parfois difficiles, en particulier à partir des années vingt, où il proposa des innovations dans la pratique. Il inventa la technique où l'analyste intervient pour sortir le patient de la répétition. Il y renoncera, proposera alors l'analyse mutuelle entre patient et analyste, mais là aussi il reconnaîtra son erreur. Il est l'auteur d'une œuvre clinique et théorique d'une très grande importance.

Bibl. : *Œuvres complètes*, quatre tomes.

Fétichisme

Comportement sexuel nécessitant la présence d'un objet déterminé pour atteindre la satisfaction. Cet objet peut être une partie du corps (pied, etc.) ou un objet inanimé (chaussures, sous-vêtements, etc.). Des traits de fétichisme sont plus ou moins présents dans la plupart des pratiques désignées comme perverses. Cet objet apparaît comme un arrêt sur image précédant la vision de l'absence de pénis chez la femme. Contre cette absence qui fait peser une menace de castration* sur le sujet, celui-ci élit un fétiche qui constitue un substitut de ce pénis absent et permet ainsi le déni* de la castration. Le sujet est dans une position qui correspond à ce que Freud a nommé clivage du moi*. Parce qu'il est dénié, c'est-à-dire qu'il est en même temps reconnu comme absent, il s'agit moins du pénis réel que du phallus*. Le fétiche, pour Lacan, est un signifiant*.

Figurabilité (prise en considération de la)

Élément du travail du rêve avec la condensation* et le déplacement*, ainsi que l'élaboration secondaire*. Elle consiste à sélectionner parmi les pensées du rêve celles qui permettent une figuration visuelle et orientent le déplacement vers une expression en images.

Fixation

Désigne le lien qu'entretient la libido* avec certains objets, situations, ou stades* prégénitaux du développement. Dans une perspective génétique, elle explique que la régression* se fasse à un stade prégénital particulier pour un sujet donné.

Fliess (Wilhelm) (1858-1928)

Oto-rhino-laryngologiste allemand avec qui Freud* entretint une « amitié passionnée ». Il le nommait « mon autre moi-même ». Il est l'auteur d'une théorie délirante, qui eut son heure de gloire : la névrose nasale réflexe associée à la notion de période. Le délire de Fliess est aussi une des sources de la psychanalyse et celui-ci eut un rôle important dans ce qu'il est convenu d'appeler l'auto-analyse* de Freud. Certaines notions avancées par Fliess se retrouveront dans la théorie freudienne, comme la bisexualité* ou la notion de latence*. Les lettres de Freud à Fliess, sauvées in extremis par Marie Bonaparte et publiées aujourd'hui sous le titre *La Naissance de la psychanalyse*, constituent non seulement un témoignage de la découverte freudienne, mais aussi un document d'une valeur théorique considérable.

Forclusion

Notion introduite par Lacan* pour caractériser le mécanisme en jeu dans la psychose*. Il s'agit du rejet primordial d'un signifiant* fondamental, celui du Nom-du-Père*. La fonction de ce signifiant est de « capitonner » signifiant et signifié lors de l'effectuation de la métaphore paternelle. Cette absence, lors de certains événements particuliers de sa vie où le sujet aura à prendre appui sur cette fonction du Nom-du-Père (rencontre avec l'autre sexe, devenir père, etc.), produira à cette place un trou. Ainsi, s'amorcera une cascade de remaniements signifiants qui constitue l'entrée dans la psychose. Puisque la castration* n'a pu être rencontrée au niveau symbolique, elle surgit sur le plan réel. Le langage se met à parler tout seul, se manifestant de façon automatique ou hallucinatoire. Cet échec de la symbolisation fait que ce qui est rejeté du Symbolique* reparaît

FOR

dans le Réel. Le délire* sera une tentative de reconstruction d'un monde sensé où le sujet puisse habiter. Dans cette perspective, la forclusion du Nom-du-Père peut être comprise comme un échec du refoulement originaire*.

Formation de compromis : voir Compromis (formation de)

Formation de l'inconscient

Production de l'inconscient se manifestant de façon variée dans le discours courant. Le rêve, l'oubli de mots ou de noms, les lapsus, l'acte manqué en général, le mot d'esprit sont des formations de l'inconscient et constituent un mode d'expression de celui-ci. C'est aussi le titre que donna Lacan* à son cinquième séminaire (1957-1958).

Formation du psychanalyste : voir Psychanalyste (formation du)

Formation réactionnelle : voir Réactionnelle

Formation substitutive : voir Substitutive

Fort-Da

Couple d'expressions que Freud isole dans le jeu d'un enfant marquant une symbolisation primordiale dans l'histoire du sujet, et qui introduit à la notion de pulsion de mort*. Freud relate cette observation dans *Au-delà du principe de plaisir*, il s'agit du jeu auquel se livre un enfant lors des absences de sa mère. Ce jeu consistait à envoyer au loin une bobine attachée à une ficelle, accompagné d'un o-o-o-o sonore, ce qui de l'avis de la mère et de l'observateur signifiait *fort* (qui veut dire parti). Il faisait ensuite revenir la bobine en tirant la ficelle et criait à ce moment-là: *da* (qui veut dire voilà). Le jeu complet donc consiste en la disparition et le retour de l'objet associés à un couple de signifiants*, ce qui constitue une paire minimale signifiante. Or, ce petit garçon était très attaché à sa mère mais ne pleurait pas lorsqu'elle s'absentait. Le jeu témoigne pour Freud d'un renoncement pulsionnel de la part de l'enfant permettant le départ de la mère sans qu'il y ait l'expression d'une souffrance. Il met à la place en scène ce jeu qu'on peut qualifier de jeu disparition-retour. À ce moment-là, Freud se pose la question de la répétition*: comment la répétition peut-elle concerner un jeu qui n'est pas l'objet d'un plaisir mais d'un déplaisir? Comment concilier cela avec le principe de plaisir*? Il y a, dit Freud, dans ce jeu pour l'enfant un gain de plaisir d'une autre sorte. Car, dit-il, « les impressions les plus douloureuses [...] peuvent mener à un haut degré de jouissance ». Ce jeu introduit quelque chose d'essentiel qui est une symbolisation primordiale, celle des allers et venues, des absences/présences de la mère. Le langage la permet : il s'agit de lier des excitations pulsionnelles à partir de l'activité verbale, c'est-à-dire du processus secondaire*. Cet accès au langage, afin de maîtriser une perte, est un moment essentiel car cette perte a directement à voir avec la Chose*. Lacan fera de nombreux commentaires du jeu du *fort-da* et lui donnera une place particulière, en soulignant que la bobine doit être comprise comme quelque chose qui se détache du sujet tout en étant encore à lui et qu'il qualifie d'objet *a**.

Frayage

En 1895, Freud propose cette notion dans *L'Esquisse d'une psychologie scientifique*. Il s'agit de la diminution permanente d'une résistance, normalement présente, dans le passage de l'excitation d'un neurone à l'autre. Ultérieurement, l'excitation choisira la voie frayée de préférence à celle qui ne l'est pas. On peut voir dans le frayage un premier modèle de la mémoire.

Freud (Anna) (1895-1982)

Née à Vienne en 1895, elle est la dernière enfant du couple Freud*. Institutrice de formation, elle sera analysée par son père, et deviendra l'une des pionnières de la pratique de la psychanalyse avec les enfants. En 1938, elle accompagne son père en exil à Londres. Son opposition à Melanie Klein*, déjà installée dans la Société Britannique de Psychanalyse, donnera lieu à des controverses devenues célèbres. Elle aura une influence considérable sur le mouvement analytique après la mort de Freud. Ses travaux traitent principalement de la psychanalyse avec les enfants et des particularités techniques de celle-ci, précisément de la part de l'éducation dans le traitement. Elle appuiera les travaux de psychanalystes d'Europe centrale ayant émigré aux États-Unis, en particulier sur l'observation des nourrissons. Son combat pour l'analyse profane – c'est-à-dire pratiquée par des non-médecins – ainsi qu'un certain souci social et institutionnel – elle sera la fondatrice de la Hampstead Clinic – font également partie de ses apports au mouvement psychanalytique.

Bibl. : *Le Moi et les mécanismes de défense ; L'Enfant dans la psychanalyse, Le Normal et le pathologique chez l'enfant.*

Freud (Sigmund) (1856-1939)

Freud naît le 6 mai 1856 à Freiberg en Moravie. Son père Jacob a le double de l'âge de sa mère Amalia, qui est sa seconde femme. Il est leur premier enfant. En 1859, la famille Freud s'installe à Leipzig puis, l'année suivante, à Vienne. Si Freud a toujours revendiqué son appartenance au judaïsme, il fut élevé dans une famille où la pratique religieuse était réduite, bien que les références au texte biblique y soient toujours présentes. Il sera un élève brillant au lycée, s'inscrira sans grand enthousiasme en médecine en 1873. Il se sent plutôt mû «par une sorte de désir de savoir [...] que par un souci de guérir». Grand lecteur, doté d'une vaste culture littéraire, il s'oriente au cours de ses études plutôt vers la recherche fondamentale et commence des travaux sur la physiologie nerveuse. S'orientant vers la neuropathologie, mais n'ayant pas grand espoir de carrière dans ce domaine, il saisit l'occasion d'une bourse pour venir en France suivre les travaux de Charcot en 1885. Celui-ci l'impressionne beaucoup et Freud revient à Vienne l'année suivante, ouvre un cabinet où il commence à pratiquer l'hypnose. Avec un autre médecin, Breuer, rencontré au cours des années précédentes à Vienne, il commence un travail sur l'hystérie, à partir de la cure menée par Breuer quelques années auparavant sur une patiente, entrée dans l'histoire de la psychanalyse sous le nom d'Anna O. En collaboration avec Breuer, il publie en 1895 les *Études sur l'Hystérie* et montre comment la méthode cathartique* qui consiste à faire revenir un souvenir traumatique oublié et à lui permettre d'être abréagi* permet le traitement de l'hystérie. Freud élabore à ce moment-là la théorie de la séduction*. Il abandonne en 1897 cette hypothèse pour situer cette scène dans le fantasme* et découvre alors le complexe d'Œdipe*. Ainsi naît la psychanalyse. Cette période aboutit à la publication en 1900 de *L'Interprétation des rêves*. Suivent deux autres livres, *La Psychopathologie de la vie quotidienne*, puis *Le Mot d'esprit et sa relation à l'inconscient*. Lacan s'appuiera dans son « retour à Freud » particulièrement sur ces trois livres, premiers dans l'histoire de la psychanalyse, et qui manifestent l'importance de la parole et du langage dans celle-ci. Il publie à cette même époque *Trois essais sur la théorie sexuelle* qui traite principalement de la sexualité infantile*. En 1914, il procède à un premier remaniement de ses travaux en s'intéressant à la question du narcissisme* et modifie le dualisme pulsionnel* établi jusque-là. Enfin, en 1923, après avoir introduit la notion de pulsion de mort*, Freud développe un deuxième modèle de l'appareil psychique*. Il occupa la fonction de *Dozent* à l'université de Vienne où il enseigna, et tint des réunions régulières chez lui. Le groupe s'intitula Société Psychologique du Mercredi, qui en 1908 devient la Société Psychanalytique de Vienne. Ce groupe s'étoffe rapidement et la psychanalyse s'étend hors d'Autriche. En 1910 est créée l'Association Psychanalytique Internationale. En 1938, après l'invasion de l'Autriche par l'Allemagne, Freud est contraint à l'exil et rejoint Londres où il mourra l'année suivante. L'œuvre de Freud fait l'objet de traductions éparses entre plusieurs éditeurs en France.

Bibl. : *Psychopathologie de la vie quotidienne*; *L'Interprétation des rêves*; *Trois Essais sur la théorie sexuelle*; *Métapsychologie*; *Essais de psychanalyse*; etc. Une édition en français des œuvres complètes est en cours de parution.

Frustration

État du sujet à qui est refusée ou qui se refuse la satisfaction d'une demande pulsionnelle. Pour Freud, la névrose s'origine dans une frustration, celle-ci ouvrant la voie de la régression*. « Les êtres humains deviennent névrosés par suite de frustration. » Dans la pratique analytique, la règle d'abstinence*, qui vise à ce qu'une satisfaction substitutive ne vienne pas clore prématurément le processus, doit permettre la régression jusqu'au point où s'est nouée la névrose. Lacan réinterprétera la notion de frustration en la mettant en série avec les notions de privation et de castration* constituant ainsi les trois catégories principales du manque. Si la castration* ressort du Symbolique* et la privation du Réel*, la frustration est pour lui Imaginaire*. Elle est imaginaire car la demande qui la sous-tend est insatiable. C'est pourquoi, paradoxalement, la tentative de combler déclenche tout aussi bien la frustration, puisque l'objet donné n'est pas et ne peut pas être par définition l'objet demandé.

Génital (stade) : voir Stade du développement

Groddeck (Walter, Georg) (1866-1934)

Médecin allemand, élève du médecin personnel de Bismarck, il ouvre en 1900 un sanatorium où les traitements sont fondés sur l'hydrothérapie, le régime alimentaire, les massages et les entretiens. Il s'intéresse plus particulièrement à l'influence des facteurs psychiques dans les maladies organiques, et après avoir attaqué la psychanalyse, il prend contact avec Freud avec qui il entretient une correspondance. C'est à lui que Freud empruntera, en le détournant, le concept de Ça*. Plus tardivement, il s'éloignera de Freud.

Bibl. : *Le Livre du Ça*; *La Maladie, l'art et le symbole*.

Handling

Terme proposé par Winnicott* pour désigner le fait et la façon de prendre, de manipuler le bébé par la mère. C'est un aspect important de l'environnement car, par le *handling*, l'enfant pourra intégrer son corps comme une part de lui-même. Cela fait partie de ce que Winnicott appelle le processus de personnalisation. Grâce à l'identification de la mère à son bébé, celle-ci pourra le soutenir de manière à ce qu'il ne sente pas constitué d'un ensemble de parties.

Holding

Terme proposé par Winnicott* pour désigner la façon dont la mère, grâce à sa capacité de s'identifier à son bébé, le soutient au sens physique et psychologique et permet au stade de la dépendance absolue de fournir un support au moi. Ce support permettra ultérieurement l'intégration du moi.

Hypnose

Sommeil incomplet de type particulier, provoqué par des manœuvres, pratiquées par l'hypnotiseur, avec qui s'installe une relation spécifique de suggestion. Nommée par James Braid en 1841, cet état avait déjà été isolé par Puységur. Charcot l'utilisera avec les hystériques. Pour lui, cet état pathologique artificiel est une particularité de l'hystérique. En cette fin du XIXe siècle, à Nancy, Bernheim soutient que ce qui est central dans l'hypnose est la suggestion avec laquelle on peut obtenir des résultats thérapeutiques. Après son séjour à Paris, Freud se rend à Nancy en 1889. Lors de ses premières années de pratique à Vienne, Freud utilise l'hypnose, et c'est de son abandon ultérieur que naîtra la psychanalyse.

Hystérie

Névrose d'expression clinique très variée, présentant des symptômes somatiques dans l'hystérie de conversion, phobiques dans l'hystérie d'angoisse. L'hystérie pour la psychanalyse est au-delà des signes présentés et constitue une structure commune à ces tableaux divers.

Connue depuis longtemps, elle ne prend la dimension d'une véritable catégorie nosographique qu'avec Charcot. Freud montrera que les symptômes de l'hystérie sont des formations de compromis* entre le désir* inconscient et le refoulement*. Il s'agit d'un conflit psychique* qui se convertit et se figure dans le corps. L'hystérie révèle que le corps en jeu pour le psychique n'est pas le corps biologique mais un corps marqué par le langage et le pulsionnel. Pour Freud, l'hystérique a vécu une première expérience sexuelle traumatique avec déplaisir. Il déplacera cette première hypothèse pour la situer dans le fantasme. L'hystérique est quelqu'un qui a vécu une première relation insatisfaisante à la mère. Elle s'est détournée d'elle pour s'intéresser précocement au père et au désir de celui-ci. Le cas Dora, cas princeps étudié par Freud, montre que l'hystérique essaie de soutenir le désir d'un père qui est situé par la mère comme un impuissant – ce qui ne veut pas dire qu'il l'est. Ce désir est nécessaire, ne serait-ce que pour soutenir la promesse phallique. Et pour ce faire, elle va s'identifier à l'objet du désir du père. Lacan soulignera que la question qui est au cœur de l'hystérie est : qu'est-ce qu'une femme ? Le but de l'opération hystérique est de refouler cette impuissance du père en soutenant son désir.

Hystérie d'angoisse : voir Phobie

I

Idéal du Moi

Terme avancé par Freud dans son étude sur le narcissisme pour désigner une instance constituant un modèle pour le sujet, résultant des identifications* aux parents et au groupe social, auquel le sujet cherchera à se conformer. Cet idéal est le substitut du narcissisme perdu de l'enfance. Lorsque Freud élabora sa seconde topique*, l'Idéal du Moi sera souvent présenté comme confondu avec le Surmoi*. Il intervient dans la constitution des foules où le leader vient occuper pour le groupe cette place de l'Idéal du Moi. Pour Freud, l'hypnose* est comparable à une foule à deux dont l'hypnotiseur est le chef. De la même manière, dans la relation amoureuse l'élu(e) vient occuper cette place. Relisant Freud, Lacan distinguera le Moi Idéal* qui appartient à l'Imaginaire* de l'Idéal du Moi qui appartient au Symbolique* et qui joue dans la vie du sujet le rôle d'un guide.

Identification

Processus d'assimilation par le Moi d'un trait, ou de la totalité d'un autre, le Moi se constituant alors sur le modèle de cet autre. La personnalité peut être ainsi conçue comme une somme d'identifications. Freud distinguera trois modalités de l'identification : une première, antérieure à l'Œdipe*, où le père fonctionne comme idéal et qui est «l'expression première d'un lien affectif à une autre personne». Dans le deuxième type, «l'identification a pris la place du choix d'objet*, et le choix d'objet a régressé jusqu'à l'identification». Dans ce cas, l'identification est seulement partielle et n'emprunte qu'un trait à l'autre. Troisième type d'identification : lorsque quelque chose de commun est perçu avec un autre qui n'est pas l'objet des pulsions sexuelles. Dans ce cas, l'identification est fondée sur la possibilité de se mettre dans une situation identique. Lacan* donnera une place importante à la notion d'identification. Il distinguera une identification imaginaire, narcissique qui est constituée au stade du miroir et qui servira de matrice au Moi* comme somme de ces identifications imaginaires. Cette identification, Lacan la distinguera d'une identification symbolique qui est nécessairement complexe puisque cette identification de signifiant rencontre pour le sujet* le problème de sa division, et pour le signifiant* le fait qu'il ne peut être posé que dans sa différence avec un autre.

Identification projective

Terme proposé par Melanie Klein* pour désigner un mécanisme associant identification et projection, le sujet introduisant sa propre personne dans l'objet sur un mode agressif. L'identification projective est plutôt une modalité de la projection* et fait surtout partie de la position paranoïde-schizoïde*.

Imaginaire

Notion introduite par Lacan*, désignant le rapport à l'image du semblable et au corps propre. Cette notion est introduite en 1953, articulée au Symbolique et au Réel. Elle reprend et situe ce qu'il avait élaboré auparavant sous le nom de stade du miroir*. C'est dans le registre du narcissisme que le moi* se constitue par une série d'identifications à l'image spéculaire et se saisit comme un alter ego. L'imaginaire ne peut suffire à lui seul pour rendre compte de la structure du sujet* et de sa relation à l'autre. En effet, il comporte en lui-même l'impasse mortifère propre à la relation duelle.

Image du corps

Terme proposé par Paul Schilder et utilisé dans un sens différent par Françoise Dolto*. Pour cette dernière, il s'agit de «l'incarnation symbolique inconsciente du sujet désirant». Elle distingue trois modalités à l'intérieur de cette notion : l'image de base, l'image fonctionnelle et l'image érogène, «lesquelles toutes ensemble constituent et assurent l'image du corps vivant et le narcissisme du sujet à chaque stade de son évolution. Elles sont reliées entre elles, à tout moment, maintenues cohésives par ce que nous

IMA

appellerons : image (ou plutôt : substrat) dynamique, désignant par là la métaphore subjective des pulsions de vie ».

Imago

Terme proposé par Jung* pour désigner des prototypes inconscients de personnages appartenant aux premières relations du sujet (en particulier le père et la mère) et qui orienteront de façon spécifique la relation du sujet à l'autre. Dans l'article qu'il écrit en 1938, « Les complexes familiaux en pathologie », Lacan utilisera également cette notion, dans un sens un peu différent.

Inceste

Relation sexuelle entre parents ou alliés à un degré variant suivant les cultures. Malgré les formes diverses qu'il peut prendre, il existe toujours un interdit de l'inceste qui règle les structures d'alliance et de parenté. Pour la psychanalyse, la notion d'interdit de l'inceste, en particulier celui portant sur la mère, est fondamental. Cette loi, qui est transmise à chaque enfant, le contraint à renoncer à son premier objet d'amour. Ce principe se trouve au cœur du complexe d'Œdipe*. De ce renoncement naît le désir* qui est donc toujours incestueux en son fond. C'est ce qui fera dire à quelqu'un comme Lacan* que désir et Loi sont une seule et même chose.

Inconscient

Dans la première topique* freudienne désigne un système différent des autres systèmes préconscient et conscient. Il contient des éléments refoulés*, que sont les représentants des pulsions* « qui veulent décharger leur investissement ». Il est donc constitué « par des motions de désir* ». Dans l'inconscient règne le processus primaire*, les processus inconscients ne sont soumis qu'au principe de plaisir*. Les caractéristiques de l'inconscient sont : « Absence de contradiction, processus primaire (mobilité des investissements), intemporalité et substitution à la réalité extérieure de la réalité psychique » (*L'Inconscient*, 1915). L'inconscient est une hypothèse dont répond le psychanalyste dans la cure. En effet, en tant que tel, il n'y a aucune connaissance directe de l'inconscient qui soit possible. Soulignant qu'une analyse n'a affaire qu'au champ de la parole et du langage et s'appuyant sur des travaux linguistiques que Freud* ne pouvait connaître, Lacan* affirmera que «l'inconscient est structuré comme un langage». À la place de la notion de représentation*, il avancera celle de signifiant* et à la place des deux éléments du processus primaire, condensation* et déplacement*, il proposera métaphore* et métonymie*. La langue avec laquelle le sujet à naître parlera est la langue maternelle, c'est-à-dire la langue de l'Autre, car il sera tenu d'en passer par les signifiants de cet Autre pour pouvoir articuler une demande dont il se fera le sujet. C'est aussi dans cette langue que sera signifiée au sujet la Loi et que se constituera son désir, alors l'autre définition de Lacan, «l'inconscient est le discours de l'Autre», se justifie. Celui-ci avancera la notion de sujet de l'inconscient puisqu'il y a des pensées dans l'inconscient. Ce sujet* est le sujet du signifiant*, représenté par lui et trouve son fondement au lieu de l'Autre d'où il est néanmoins exclu puisqu'il ne peut se signifier lui-même.

Incorporation

Processus fantasmatique par lequel un sujet introduit et conserve un objet à l'intérieur de son corps. Le modèle premier de l'incorporation est oral, mais pas seulement. Le plaisir limité de la succion décrit par Freud ne suffirait pas à rendre compte de ce qui se passe à ce stade ; ce qui serait visé serait aussi l'incorporation de l'objet en soi, à la fois parce qu'il est l'objet qui donne du plaisir, mais également pour le détruire et surtout pour assimiler ses qualités. L'incorporation apparaît ainsi comme le prototype de l'introjection* et de l'identification*. Cet aspect de l'oralité sera développé par Karl Abraham* et Melanie Klein*.

INH

Inhibition

Désigne la limitation d'une fonction du Moi*. Ainsi, Freud parlera de l'inhibition de la pulsion sexuelle* lors de la période de latence*. Freud parle aussi de pulsion «inhibée quant au but», quand une pulsion en raison d'obstacles divers, au lieu d'atteindre son but direct, se satisfait de façon atténuée. Il évoque pour ce faire les relations sociales, la tendresse, l'amitié, etc.

Instance

Notion à la fois topique et dynamique permettant de rendre compte des différents éléments de l'appareil psychique. Ainsi le Ça*, le Moi*, le Surmoi* sont-ils des instances constituantes de la seconde topique* freudienne. Freud utilise aussi de façon synonyme le terme de système, en particulier pour la première topique, mais aussi d'organisation, de formation, de province.

Instinct

Chaîne de comportements hérités, pour une espèce animale déterminée et variant peu d'un individu à l'autre. Ce terme n'a posé de problème que parce qu'on l'a trouvé dans certaines traductions et travaux français et dans la traduction anglaise de l'œuvre de Freud pour traduire le terme de *Trieb*, utilisé par Freud. Pourtant, le terme d'*Instinkt* existe en allemand. L'équivoque est aujourd'hui levée dans la mesure où la traduction admise pour *Trieb* est pulsion*.

Interprétation

Intervention de l'analyste dans la cure visant à faire surgir ce qui est resté latent derrière le contenu manifeste de l'énoncé*. Ce fut fondamentalement la démarche de Freud concernant le rêve* et plus généralement toutes les formations de l'inconscient* que de mettre en évidence le contenu latent derrière le contenu manifeste. Mais ce terme qualifie plus précisément l'intervention de l'analyste dans la cure. La question technique de l'interprétation au cours du traitement a été largement discutée par plusieurs auteurs. Doit-elle formuler le sens latent, porter sur les résistances*, jouer de l'équivoque propre aux signifiants* pour faire surgir un sens nouveau, convient-il d'interpréter le transfert, etc.? Ces questions ne sont pas secondaires car elles sont liées à une conception de la place du psychanalyste dans la cure à qui incombe cette tâche, et plus généralement à une conception du mouvement de la cure analytique et de sa visée.

Introjection

Terme proposé par Ferenczi* pour désigner un processus par lequel le sujet fait passer, sur un mode fantasmatique, des objets et leur qualité de l'extérieur à l'intérieur de lui. L'introjection se distingue de l'incorporation en ce sens qu'elle n'implique pas nécessairement une référence au corps mais aux instances* de l'appareil psychique*. Elle se rapproche en ce sens de l'identification* et s'oppose au terme de projection*.

Investissement

Sur le plan économique* désigne le fait de l'attachement d'une certaine quantité de l'énergie psychique à une représentation* inconsciente.

Isolation

Mécanisme de défense qui consiste à isoler une pensée ou un comportement d'avec d'autres pensées du sujet. Ce mécanisme se retrouve surtout dans la névrose obsessionnelle*.

J

Jones (Ernest) (1879-1958)

Psychiatre et psychanalyste anglais, enseignant au Canada, il fut l'un des proches de Freud et le fondateur de la Société Psychanalytique de Londres. Auteur d'une œuvre variée, il reste avant tout celui qui écrivit la première grande biographie de Freud.

Bibl. : *La Vie et l'œuvre de Sigmund Freud* (trois tomes).

Jouissance

Terme avancé par Lacan* pour désigner la satisfaction de l'usage d'un objet désiré. Or, la difficulté est que précisément cette satisfaction qu'il faut concevoir comme totale suppose un objet qui a été fondamentalement interdit. Tous les autres objets qui intéresseront le désir* sont des substituts de ce premier objet et ne pourront être qu'en partie satisfaisants. Il y a donc en fait une distinction à opérer entre satisfaction et jouissance. D'autre part, la jouissance apparaît comme contradictoire avec le principe de plaisir* ; en effet, elle correspondrait plutôt à une montée de la tension qu'à son retour à un niveau le plus bas possible. Si le terme n'existe pas à proprement parler chez Freud, il y recourt néanmoins souvent et l'on peut trouver une approximation de la notion que développera Lacan sous plusieurs termes freudiens. Il y a d'une part une jouissance liée à la sexualité, mais d'autre part à plusieurs reprises, Freud utilise le terme de jouissance comme lié à la douleur – qui correspond d'ailleurs à une augmentation de la tension psychique. En même temps, à partir de l'instauration de la notion de pulsion de mort*, Freud évoque le lien de la jouissance avec la mort, comme une expérience de satisfaction mythique où l'Eros* est toujours mêlé à la pulsion de mort. Lacan distinguera plusieurs jouissances. D'une part ce qu'il nommera jouissance phallique, comme celle à laquelle le sujet peut atteindre du fait de la castration*, jouissance donc possible. Au-delà, il indique une jouissance hors langage, qu'il nomme jouissance de l'Autre, dont il dit qu'elle « ne se promeut que de l'infinitude » par opposition à la jouissance sexuelle qui est finie.

Jung (Carl, Gustav) (1875-1961)

Psychiatre suisse, assistant de Bleuler à l'hôpital du Burghölzli. Il rencontre Freud en 1906. Très rapidement il devient l'un des élèves principaux de Freud et sera le premier président de l'Association Psychanalytique Internationale lors de sa création en 1910. Mais des différends théoriques apparaîtront, en particulier autour de la notion de libido qui pour Jung ne peut se réduire à la sexualité. Petit à petit, il rejette les autres avancées freudiennes, comme la sexualité infantile, l'Œdipe, l'étiologie sexuelle de la névrose. La notion d'inconscient qu'il développe n'est plus freudienne. Il distingue un inconscient individuel et un inconscient collectif dans lequel se trouvent des archétypes communs à l'humanité. Ses travaux l'orienteront de plus en plus vers la religion et la mystique. Il quitte le mouvement freudien en 1914. Il créera une théorie intitulée «psychologie analytique».

Klein (Melanie) (1882-1960)

Née en Autriche, elle étudiera l'histoire de l'art, puis après un mariage difficile, elle s'installe à Budapest où elle commence une analyse avec Ferenczi*. En 1920, elle rejoint Abraham* à Berlin pour poursuivre son analyse. Un an après la mort de celui-ci, en 1926, elle s'installe à Londres. Elle fut l'une des pionnières de la psychanalyse d'enfant avec Anna Freud* et Hermine Von Hug-Hellmuth, mais ses options dans cette perspective diffèrent sensiblement de celles de la fille de Freud. Pour elle, la psychanalyse d'enfant ne doit pas être associée à des mesures éducatives ; il y a un transfert possible avec l'enfant, les associations existent et le jeu de l'enfant est l'équivalent du travail associatif de l'adulte en analyse. Elle élaborera une théorie des débuts de la vie infantile en développant la théorie d'Abraham sur la phase orale. Deux phases se succèdent : une première position dite paranoïde-schizoïde* où l'objet est vécu par le sujet comme menaçant et pouvant le détruire. Il est clivé en bon et mauvais objet dans une relation au Moi réglée par la loi du talion. À cette période, introjection* et projection* règlent le rapport aux objets. Une deuxième position intervient ensuite, la position dépressive où le sujet craint, à cause de ses pulsions sadiques, de perdre la mère en la détruisant. Le passage d'une position à l'autre constitue le passage d'une relation d'objets partiels à une relation d'objet total.

L'apport de Melanie Klein fut considérable, tant sur le plan de la psychanalyse avec les enfants que pour l'abord de pathologies qui excédaient jusque-là le champ de la psychanalyse, comme la psychose.

Bibl. : *Essais de psychanalyse*; *La Psychanalyse des enfants*; etc.

Lacan (Jacques) (1901-1981)

Né à Paris le 13 avril 1901, il fera de brillantes études et se passionnera pour la littérature et la philosophie, puis entreprendra des études médicales et se spécialisera en neurologie et en psychiatrie. Cette solide formation médicale et psychiatrique s'accompagnera, par ailleurs, d'une fréquentation des milieux philosophiques et littéraires. Il se liera aux surréalistes et publiera dans la revue *Le Minotaure*. En 1932 paraît sa thèse, «De la psychose paranoïaque dans ses rapports avec la personnalité», où il présente la monographie du cas Aimée pour laquelle il crée la catégorie de paranoïa d'autopunition. Il fera son analyse avec Rudolf Löwenstein, psychanalyste berlinois qui résidera plusieurs années à Paris avant d'émigrer aux États-Unis. En 1936, il donne une communication au congrès de Marienbad dont il ne reste pas de trace, intitulée «Le stade du miroir». Mais deux ans plus tard, il publie dans l'*Encyclopédie Française*, en 1938, un texte intitulé «Les complexes familiaux dans la formation de l'individu» où le stade du miroir* est présenté. Il participe à la vie de la Société Psychanalytique de Paris au nombre de membres alors réduit et il en sera le président. Peu après, en 1953, après de nombreux conflits portant sur l'organisation d'un Institut de Psychanalyse destiné à la formation, il démissionne à la suite de Daniel Lagache, Juliette Favez-Boutonnier et Françoise Dolto. Il se retrouve donc hors de l'Association Psychanalytique Internationale que Freud avait fondée. C'est de 1953 qu'il convient de dater le début de son «enseignement». Celui-ci se fait sous le mot d'ordre d'un «retour à Freud» qui est retour au texte freudien. Cette même année, il tient une conférence intitulée «Le Symbolique*, l'Imaginaire* et le Réel*» où il introduit trois «registres essentiels de la réalité humaine». L'introduction de ces trois concepts, après le stade du miroir, va amorcer une lecture particulièrement riche et féconde du texte freudien qui aura de nombreuses conséquences sur la théorie et sur la pratique de la psychanalyse. Dans ce premier temps de son enseignement, Lacan met l'accent sur le Symbolique, l'ordre du langage, auquel est subordonné l'Imaginaire et qui a une fonction pacifiante sur la situation mortifère que créerait le simple rapport du sujet à son image spéculaire. En 1963, une tentative de réintégration à l'API n'est acceptée qu'à condition de restriction touchant les pratiques de Lacan et de Dolto. Lacan fonde alors l'École Freudienne de Paris où Françoise Dolto l'accompagne. Peu à peu c'est vers la question du Réel que s'oriente son enseignement. Avec cette notion et celle d'objet *a* qu'il avance par la suite, Lacan fait plus que commenter Freud, il «réinvente» la psychanalyse tout en restant dans la perspective freudienne. Sur le plan institutionnel, il tentera de trouver des solutions aux impasses propres à la vie des groupes telles que Freud les avait déjà décrites, en proposant des dispositifs et une interrogation sur la formation du psychanalyste* sans égal avant lui. En 1980, un an avant sa mort, il dissout l'École Freudienne de Paris qu'il avait fondée. Mais le mouvement qu'il avait créé a continué à se développer en de nombreuses associations ou écoles de psychanalyse d'orientation lacanienne. Le retentissement de son œuvre va bien au-delà du mouvement lacanien et son enseignement a profondément remanié la psychanalyse tout entière.

Bibl. : *Écrits*; *Le Séminaire* (9 volumes parus)

Lapsus

Formation de l'inconscient* qui consiste en l'emploi involontaire d'un mot pour un autre dans la parole *(lapsus linguae)* ou dans l'écriture *(lapsus calami)*. Pour la psychanalyse, le lapsus est un mode d'expression de l'inconscient.

Latence (période de)

Période succédant à l'Œdipe* dans la vie sexuelle infantile et se terminant à la puberté. Elle est le moment d'une intensification du refoulement* et produit l'amnésie infantile.

Libido

Énergie de la pulsion* sexuelle. La libido est psychique, elle est comparable à la faim pour la pulsion sexuelle. Le terme sera maintenu par Freud, malgré des variations qu'elle recouvre, et sera dans la dernière étape définie comme l'énergie de l'Eros*.

Libre association (méthode de)

Méthode constituant la règle fondamentale* de la cure psychanalytique qui consiste pour le patient à dire tout ce qui lui vient à l'esprit sans discrimination. Il est remarquable de noter que cette méthode fut imposée à Freud par une de ses patientes. Elle remplacera la méthode cathartique* et Freud l'utilisera pour l'analyse de ses propres rêves qu'il publiera dans *L'Interprétation des rêves*. Le terme de « libre » a souvent été discuté dans cette expression. Il indique simplement l'abstinence* de l'analyste. Car ces associations ne sont pas libres puisqu'elles sont réglées par un ordre inconscient.

Masochisme

Recherche consciente ou inconsciente d'une satisfaction liée à la douleur physique ou psychique. Le masochisme est une perversion* décrite par les sexologues, mais Freud donne à ce terme une extension plus importante. Il distinguera plusieurs formes de masochisme. Ainsi, le masochisme moral où le sujet soulage un sentiment de culpabilité inconscient en se trouvant en position de victime. Il n'y a pas là de plaisir sexuel directement en jeu. Le masochisme érogène désigne le lien entre plaisir sexuel et douleur et peut concerner le masochisme comme perversion. Enfin, le masochisme féminin fut une notion très discutée. Freud proposera un autre partage également entre masochisme primaire et secondaire. Après avoir pensé le sadisme comme premier et le masochisme comme retournement du sadisme sur la personne propre – c'est le masochisme secondaire –, Freud postulera l'existence d'un masochisme primaire, d'une première orientation de la pulsion de mort* liée à la libido* orientée sur le sujet lui-même.

Mélancolie

Sur le plan psychiatrique, trouble majeur de l'humeur consistant en une hyperthymie douloureuse, associée à un ralentissement psychomoteur et à de l'angoisse. Freud a abordé la question de la mélancolie à partir du travail du deuil, comme un exemple de l'absence de ce travail. L'objet perdu n'est pas désinvesti, le sujet ne peut y renoncer, mais il renonce à son Moi* et se trouve dans l'impossibilité d'investir de façon désirante de nouveaux objets. La mélancolie apparaît comme une «hémorragie libidinale» avec perte du Moi et disparition du désir*.

Métaphore

Substitution d'un signifiant* à un autre signifiant. Terme introduit par Lacan en référence au terme de condensation* chez Freud.

Cette substitution pour Lacan produit un effet de signification. La métaphore est une symbolisation.

Lacan donnera à ce qu'il nomme métaphore paternelle un statut particulier. Le signifiant du Nom-du-Père* introduit par la parole de la mère et indiquant le lieu d'où est transmise la Loi vient se substituer au désir jusque-là obscur de la mère.

Métapsychologie

Terme forgé par Freud pour désigner la part la plus théorique de ses travaux. Ce terme témoigne de la méfiance que Freud entretenait à l'égard du terme même de théorie, trop spéculatif à son goût. Le terme de métapsychologie fut produit sur le modèle de celui de métaphysique. Il s'agit d'aller au-delà de la psychologie, tout comme l'inconscient va au-delà d'une psychologie de la conscience.

Le terme de métapsychologie peut être utilisé, écrit Freud, chaque fois que l'on aborde un processus psychique dans le triple registre dynamique*, topique* et économique*.

Métonymie

Signifiant venant à la place d'un autre avec lequel il est dans un rapport de contiguïté. Métaphore* et métonymie sont repris par Lacan* de l'œuvre du linguiste Roman Jakobson. La métaphore agit selon l'axe paradigmatique, la métonymie selon l'axe syntagmatique. La métonymie est pour le sujet la possibilité d'indiquer sa place dans son désir. Lacan pourra dire que la métonymie est le véhicule du désir.

Miroir (stade du)

Notion avancée par Lacan*, en s'appuyant sur des observations de la « psychologie scientifique » étudiant les différences de comportements des mammifères supérieurs et de l'enfant face au miroir. L'enfant face au miroir, entre six mois et dix-huit mois, reconnaît qu'il s'agit d'une image et va l'assumer comme sienne. Or, l'en-

MOI

fant est encore dans un temps d'immaturité neurophysiologique, ce qui fait que l'assomption de cette image est une anticipation de son unité. Cette identification* va fonder son Moi*, mais déterminera aussi celui-ci comme un autre et du coup situe l'autre comme un alter ego. Il est donc le lieu d'une aliénation originaire et fondamentale. En effet, cette image est extérieure et distincte du lieu de la perception et de la motricité. Le paradoxe est que c'est en ce lieu que se constitue le Moi.

Moi

L'une des trois instances de l'appareil psychique proposées par Freud dans sa seconde topique, à distinguer du Ça* et du Surmoi*. Le Moi est pour partie conscient et pour partie inconscient ; il est la partie du Ça*, « modifiée sous l'influence directe du monde extérieur par l'intermédiaire du système perception-conscience ». Il tend à instaurer le principe de réalité*, là où le principe de plaisir* règne sans partage dans le Ça. Il a une fonction régulatrice entre le Ça et le Surmoi et il est donc le lieu de la défense*. Il a une fonction de liaison des processus psychiques. C'est aussi parce que Freud le définit comme « avant tout un Moi corporel », et comme produit de mécanismes identificatoires que Lacan pourra être fondé à le situer comme une instance imaginaire* et une conséquence du stade du miroir*.

Moi Idéal

Formation psychique distinguée par Lacan de l'Idéal du Moi* et caractérisé, à la différence de celui-ci, par son appartenance au registre de l'Imaginaire*. Il représente les premières ébauches narcissiques investies libidinalement et constituées par l'image du corps propre dans le miroir puis par le semblable avec les effets de capture qui en seront la conséquence.

Narcissisme

Amour porté à soi-même pris comme objet. Terme introduit par Freud* en 1910, et forgé en référence au mythe de Narcisse. Si Freud commence à s'intéresser au narcissisme quand il s'interroge sur le choix d'objet des homosexuels, il va en faire très rapidement un stade incontournable de l'évolution sexuelle et une notion nécessaire pour comprendre ce qui se passe dans les psychoses. L'introduction de ce concept amènera Freud à remanier sa théorie des pulsions. Jusque-là il distinguait une libido* sexuelle d'une énergie non sexuelle liée aux pulsions du Moi*. À partir de son travail de 1914 sur le narcissisme, il opposera libido du Moi et libido d'objet en indiquant que le Moi peut être investi libidinalement comme un objet. C'est à partir du narcissisme que s'instaurent les instances idéales que sont l'Idéal du Moi* et le Moi Idéal*. Freud distinguera deux niveaux du narcissisme : le narcissisme primaire et le narcissisme secondaire, le premier correspondant à un moment où toute la libido de l'enfant est investie sur lui-même, alors que le narcissisme secondaire suppose un retournement sur le Moi de la libido investie auparavant dans des objets extérieurs.

Lacan* modélisera la question du narcissisme avec le stade du miroir*. L'identification* du sujet à cette image unifiée du miroir constituerait le narcissisme primaire, cette image de lui-même à laquelle il s'identifie étant investie libidinalement. À partir de là se succéderont des identifications* imaginaires aux semblables dont la sommation constituera le Moi*. Le problème du narcissisme est celui de l'Imaginaire, impasse qu'a souligné Lacan et qu'évoque le mythe de Narcisse puisque celui-ci finit par se tuer pour rejoindre cette image aimée.

Négation : voir Dénégation

NEU

Neutralité

Qualité de la position de l'analyste dans la cure. S'il n'incombe pas à l'analyste de diriger la vie de son patient, mais de diriger la cure, il ne peut le faire en fonction de valeurs sociales, morales, religieuses, etc., auxquelles il adhérerait éventuellement. Il n'y a pas d'idéal de la cure analytique mais une visée, ce qui explique que l'analyste ne fera pas de promesses et ne prodiguera pas de conseils. L'importance historique de cette notion tient au fait qu'il s'agit de marquer la différence d'avec la pratique antérieure de l'hypnose où dominait l'exercice de la suggestion. Cette position n'est pas sans rapport avec l'attention flottante* où l'analyste ne donne pas de privilège à tel ou tel fragment du discours de son patient. Mais cette notion n'est pas aussi simple qu'il y paraît. Si l'analyste se doit d'être neutre par rapport aux idéaux sociaux, il ne peut l'être par rapport à l'orientation de la cure. Lacan* soulignait qu'elle était une opération éthique qui consistait à convertir le sujet au langage de son désir.

Névrose

Pour la psychanalyse, ensemble de symptômes exprimant un conflit psychique* provenant de compromis entre le désir* et la défense* contre l'angoisse de castration*. La psychanalyse s'est constituée avant tout comme une théorie et un traitement des névroses. Dès le début de ses travaux, Freud établit l'étiologie sexuelle des névroses et cherchera régulièrement à organiser ce champ en proposant des classifications qu'il remaniera suivant ses propres avancées. Dans un premier temps, il propose deux grandes catégories : d'une part les névroses actuelles (neurasthénie, névrose d'angoisse, hypocondrie) et d'autre part les psychonévroses de défense où la défense comme mécanisme psychique prédomine. Psychonévroses de défense qu'il divisera plus tardivement à partir de son travail sur le narcissisme en deux sous-catégories : d'une part les névroses narcissiques qui correspondraient approximativement aux psychoses, et les névroses de transfert (hystérie, obsession, hystérie d'angoisse). L'investissement de la libido* sur le Moi* dans les névroses narcissiques ne les rend pas accessibles au transfert et donc à la cure analytique. Il maintient par ailleurs la catégorie des névroses actuelles. Du point de vue de la structure, l'élément central et déterminant des névroses est le complexe d'Œdipe*, et donc la question de la castration*.

Névrose narcissique : voir Névrose

Névrose obsessionnelle

Catégorie de névrose isolée par Freud, caractérisée par la présence de symptômes compulsionnels, pensées obsédantes, compulsions à accomplir certains actes, etc., avec lutte contre ces pensées, présence de rituels et importance du doute et des scrupules. Au-delà du tableau clinique, il s'agit d'une structure, caractérisée par des mécanismes de défense qui consistent en un déplacement de l'affect sur des représentations éloignées du conflit originaire. Les défenses les plus fréquentes sont l'isolation*, l'annulation rétroactive*, etc. D'autre part, sur un plan génétique, la névrose obsessionnelle apparaît comme l'effet d'une fixation au stade* anal du développement. Ce terme est également traduit par névrose de contrainte qui est plus proche du terme allemand, mais le terme d'obsession continue à s'imposer puisque c'est celui que Freud avait proposé dans un article écrit directement en français en 1895 qui s'intitulait « Obsessions et phobies ». Ces patients sont des « penseurs », occupés par un doute permanent. Ils ont conscience de leurs troubles et ce trait distingue leurs symptômes d'un délire. Il n'y a dans la névrose obsessionnelle, à la différence de l'hystérie*, pas de troubles de conversion somatique, c'est une maladie de la pensée. Dans ses premiers travaux, Freud avance que l'étiologie de la névrose obsessionnelle est une scène de séduction sexuelle précoce vécue activement avec plaisir. Ce qui rend compte de l'importance du sentiment de culpabilité chez ces patients. L'obsessionnel a une mère avec qui la relation a été satisfaisante, mais qui ne vit plus son enfant comme pouvant la satisfaire. Il va alors tenter en permanence de venir occuper la place qui serait celle de l'amour de la mère. Cette place est celle du phallus* imaginaire avec lequel il entretient une rivalité constante. Mais la façon dont ces sujets orientent leur vie fait que là où l'hystérique maintient son désir comme insatisfait, l'obsessionnel le situe comme impossible.

Névrose phobique : voir Phobie

Nirvana (principe de)

Désigne la tendance de l'appareil psychique à ramener à zéro la quantité d'excitation d'origine externe ou interne. Ce principe est proche du principe de constance*. Dans le texte où Freud le propose, il est lié la pulsion de mort*, ce qui a pour conséquence de remanier ou d'ouvrir de nouvelles questions quant au principe de plaisir*.

Nom-du-Père

Terme introduit par Lacan* pour désigner ce qui opère dans la métaphore* paternelle, et permet la transmission de la Loi symbolique. Pour dégager ce qui se trouve au cœur de l'Œdipe*, Lacan introduit la notion de métaphore paternelle où ce qui est apparu du désir de la mère à travers ses allers et venues qui marquent l'enfant, se trouve relayé par un signifiant, le Nom-du-Père, qui indique le rapport de ce désir à la Loi. Ce signifiant a un statut particulier puisque après avoir opéré, il a une position particulière par rapport au Symbolique, comme signifiant qui n'est pas dans l'Autre. On peut le figurer comme le tétragramme de la Bible, ce nom de Dieu dont la prononciation a été perdue. La métaphore* produit un nouveau sens qui est le sens sexuel. Il est à rapprocher de ce que Lacan appelle père symbolique, celui dont Freud isole la fonction dans *Totem et Tabou*. Freud a proposé un mythe originaire : à l'origine de l'histoire règne sur une horde un père jouisseur possesseur de toutes les femmes. Les fils privés de cette jouissance le tuent. Mais ils s'aperçoivent que pour mettre fin au massacre inévitable qui les dresserait les uns contre les autres pour la possession de ces femmes – de la mère – ils en viennent à se l'interdire, c'est-à-dire à ériger ces femmes comme tabous au nom du totem qu'est devenu ce père. La loi du père s'impose alors d'autant plus qu'il est mort.

Objet

Ce qui est visé par le sujet dans la pulsion, l'amour ou le désir. Du point de vue de la pulsion*, l'objet est ce par quoi elle peut atteindre son but*. Freud soutient que l'objet est ce qu'il y a de plus variable dans la pulsion. Il n'est pas l'objet du besoin mais le produit de l'histoire du sujet, il n'est pas quelconque mais contient des traits signifiants particuliers. Dans le texte freudien, l'objet peut tout aussi bien désigner l'autre dans sa totalité que le sujet lui-même, ou bien un objet partiel*. Au niveau oral, l'objet est ce qui nourrit, et sur un plan pulsionnel il sera alors tout ce qui s'incorpore au sens fantasmatique du terme. L'objet d'amour serait lié à un objet total et non partiel. Mais si l'on considère la dimension narcissique de l'amour, cet objet total peut apparaître comme une enveloppe de l'objet partiel. Il existe aussi une identification à l'objet puisque pour Freud elle est la forme première du lien affectif à un autre. Mais cet objet dans la théorie freudienne est un objet foncièrement perdu, puisque, qu'il s'agisse des objets pulsionnels ou de l'objet d'amour, ceux qui seront rencontrés et recherchés, emprunteront partiellement des traits à cet objet premier. C'est celui-ci que Lacan repère dans la Chose* qui oriente la quête du sujet. Il n'est par définition pas retrouvable puisque, comme le montre le *fort-da**, l'objet est produit par la symbolisation au moment où celle-ci fait disparaître la Chose.

Objet *a*

Terme introduit par Lacan* pour désigner l'objet cause du désir*. Dans les premières années de son enseignement, Lacan oppose aux tenants de la relation d'objet cette remarque présente dans le texte freudien que l'objet est avant tout et fondamentalement un objet perdu. Ce à quoi nous avons affaire dans la psychanalyse, c'est au manque de l'objet. À chaque fois que le sujet croit trouver dans son environnement un objet qui serait adéquat à son désir, il ne peut en cherchant à s'en satisfaire que constater que « ce n'est pas ça ».

OBJ

L'objet *a* est ainsi à la fois un objet imaginaire constitué par des objets du monde intéressant à un moment donné le désir et cet objet foncièrement perdu qui fait que ce n'est pas ça, et que le sujet est renvoyé d'objet en objet, ce qui le définit comme cause du désir. Mais en même temps, il est Réel, car il est perdu et non représentable – spécularisable, dira Lacan, car il n'est pas présent dans l'image du miroir – et peut être repéré comme reste partiel du corps. À ces objets de la pulsion* que sont le sein et les fèces, Lacan en ajoute deux autres : la voix et le regard. Cet objet est en rapport avec la division du sujet, il est le manque autour duquel s'organise le langage pour le sujet et à partir duquel il parle. L'objet *a* a donc une proximité avec l'objet partiel* et avec l'objet transitionnel*. Lacan réfute la notion de partiel car elle implique la référence à une totalité, qui pour lui, comme le montre le stade du miroir*, n'est qu'imaginaire.

Objet partiel

Notion due à Karl Abraham* pour désigner l'objet de la pulsion* partielle. Il s'agit de parties du corps, de leurs équivalents symboliques, voire d'une personne totale qui peut être identifiée à cet objet partiel. La notion d'objet partiel sera développée par Melanie Klein* après Karl Abraham. L'objet clivé en bon et mauvais de la phase paranoïde-schizoïde* est un objet partiel, ainsi que ces objets que l'enfant trouve d'emblée dans le corps maternel : le sein, etc. Aux stades de l'objet partiel succéderait l'objet total ; en fait, ni Karl Abraham ni Melanie Klein ne voient les choses d'une façon aussi simple. Les objets partiels continuent à jouer un rôle important quand bien même le stade génital serait franchi.

Objet transitionnel

Terme introduit par Winnicott* pour désigner un objet apparemment quelconque mais en même temps élu que choisit le jeune enfant et qui a cette position particulière d'être la première possession non-Moi et en même temps de ne pas être à proprement parler de l'autre. Cet objet est fait pour être perdu. Sa disparition laisse la place à un espace transitionnel qui aura la plus grande importance dans la suite de l'histoire du sujet.

Œdipe (complexe d')

Ensemble organisé des désirs amoureux et hostiles que l'enfant éprouve à l'égard de ses parents. Freud découvre ce complexe en 1897, peu après l'abandon de la théorie de la séduction*. Il découvre en lui, écrit-il, des sentiments d'amour envers sa mère et de jalousie envers on père et nomme ce complexe en référence à la pièce de Sophocle *Œdipe-Roi*.

Sous une forme positive, le sujet éprouve désir de mort à l'égard du rival de même sexe et désir sexuel pour celui de sexe opposé. Sous la forme négative, il consiste en un amour pour le parent de même sexe et une rivalité avec le parent du sexe opposé. Si l'un des deux versants prédomine chez chaque sujet, l'autre n'est jamais complètement absent. Le complexe d'Œdipe se produit lors de la phase phallique* et son déclin marque l'entrée dans la période de latence*. Il est le complexe nucléaire des névroses. C'est un effet de l'interdit de l'inceste* et il met en jeu la dimension de la castration*. Dans un premier temps, Freud supposera un déroulement symétrique de l'Œdipe chez le garçon et chez la fille. Plus tardivement, il introduit une dissymétrie en posant que pour le garçon comme pour la fille le premier objet d'amour aura été la mère, ce qui introduit pour la fille une étape supplémentaire dans le déroulement de l'Œdipe.

Oral (stade) : voir Stade du développement

Paranoïa

Psychose caractérisée par un délire plutôt systématisé, de mécanisme principalement interprétatif, à thème persécutif, et suivant les cas mégalomaniaques, érotomaniaques ou de jalousie. Freud utilise ce terme dès ses premiers écrits, mais dans un sens beaucoup plus large qu'il n'a aujourd'hui. En effet, il est contemporain du dégagement de cette notion par Kraepelin qui la distingue des démences précoces, appelées plus tard schizophrénies* par Bleuler. Freud d'ailleurs soutiendra cette bipartition du champ des psychoses entre paranoïa et ce qu'il appelle paraphrénie et qui ne recouvre pas tout à fait la distinction psychiatrique entre paranoïa et schizophrénie. À partir de l'étude du texte du président Schreber, il définit la paranoïa comme une défense* contre l'homosexualité. Lacan commentant ce travail de Freud y verra l'effet d'une forclusion* portant sur le signifiant primordial qu'est le Nom-du-Père*. C'est la défaillance de ce complexe paternel, présent au cœur de la névrose, impliquant la dimension symbolique de la fonction du père, qui explique que Freud a appelé homosexualité ce qui est l'expression de la prévalence de la relation imaginaire, puisque la fonction symbolique du père n'a pu advenir.

Pare-excitations

Système de protection destiné à protéger l'organisme contre les excitations externes qui pourraient le détruire du fait de leur intensité.

Passe

Procédure mise en place par Lacan* à l'École Freudienne de Paris pour interroger le passage de l'analysant à l'analyste. Lacan accentuera ce fait que la formation du psychanalyste* n'est pas de l'ordre de l'apprentissage d'une technique. En ce sens, il rend caduque l'acception traditionnelle du terme d'analyse didactique puisqu'une analyse ne peut s'avérer didactique que dans ses effets, c'est-à-dire après-coup. En effet, comment prescrire au départ l'effet d'une cure ? Il faut donc supposer que quelque chose est repérable de ce passage à l'analyste qui se produit dans la cure même. Il met en place un dispositif qui consiste pour un analysant arrivé à ce point particulier de son analyse, d'en porter témoignage auprès de deux autres supposés en être au même point, qui à leur tour en rendront compte auprès d'un jury. Cette procédure met en jeu un témoignage indirect.

« Le psychanalyste ne s'autorise que de lui-même », dira Lacan : ni le jury de la passe, ni aucune instance de l'appareil institutionnel ne délivre une autorisation à pratiquer. L'analyste est seul en position de répondre de son acte qui ne peut se produire au nom d'une quelconque institution. Lacan rallongera cette formule en disant qu'il ne s'autorise que de lui-même et de quelques autres, à commencer par son analyste et l'analyse qu'il a pu mener avec lui, mais aussi ses contrôleurs, etc.

Peu avant de dissoudre son école, Lacan fera le constat que la passe est un échec. Une telle formule doit être interrogée et ne rend pas automatiquement caduque l'expérience.

Pénis (envie du) : voir Envie du pénis

Père

La question du père court tout au long de l'œuvre de Freud, depuis la théorie de la séduction mettant en jeu le père jusqu'à son dernier ouvrage, *L'Homme Moïse et la religion monothéiste*, en passant par le complexe d'Œdipe, *Totem et Tabou*, etc. Cette place du père fut ensuite quelque peu oubliée au profit d'un intérêt pour les relations préœdipiennes et les interactions précoces mère-enfant. C'est à Dolto* et à Lacan* qu'il revient de l'avoir rétabli dans le champ de la psychanalyse. L'enseignement de Lacan d'ailleurs démarrera par le repérage de cette notion à travers ses trois catégories : père imaginaire, père symbolique, père réel. Il fera du père une fonction. Comme le dit l'adage, le père est toujours

PER

incertain. Là où le lien biologique avec la mère est évident, le père n'est institué que dans la culture. Le père symbolique est le père mort de *Totem et Tabou*; et c'est sur ce versant que Lacan situe la notion de Nom-du-Père*. Il est celui qui transmet la Loi qui est au cœur de l'Œdipe et qui concerne l'interdit de l'inceste. Mais ce père est en quelque sorte toujours déjà là puisque l'enfant naît dans un monde réglé par cette Loi. Le père imaginaire est une figure idéale, celle qui émerge aussi bien dans l'idéalisation que dans la rivalité avec laquelle le sujet est aux prises. Enfin, le père réel a à voir avec le père concret de la constellation familiale, en ce sens qu'il est effectivement celui qui jouit de la mère.

Perlaboration

Travail psychique dans la psychanalyse par lequel une interprétation est intégrée malgré les résistances.

Perversion

Terme repris par Freud à la sexologie du XIXe siècle qui désigne une déviation par rapport à l'acte sexuel «normal», le coït. Elles sont «soit a) des transgressions anatomiques des zones corporelles destinées à l'union sexuelle, soit b) des arrêts aux relations intermédiaires avec l'objet sexuel qui, normalement, doivent être rapidement traversés sur la voie du but sexuel final». Mais pour Freud, il s'agit surtout d'une organisation psychique particulière, qui témoigne d'une façon plus générale de la place et de l'extension de la notion de sexualité pour l'être humain. C'est autour de la castration* et du phallus* que s'organise la perversion. La castration imaginaire, celle en jeu dans la menace de castration, renvoie à la castration symbolique fondamentale qui tient à la prise du sujet dans le langage et donne une valeur générique à la fonction du manque comme originant le désir*. Le phallus* dans cette perspective est un signifiant* et ne se confond pas avec l'objet réel. L'absence de pénis chez la mère est donc un moment décisif auquel le pervers oppose un déni*. Dans le fétichisme* l'objet fétiche réalise cette opération.

Phallique (stade) : voir Stade du développement

Phallus

Terme soulignant la fonction symbolique* du pénis et qui vaut comme symbole de la libido* pour les deux sexes. Le phallus est un emblème mythologique et le choix de ce terme indique qu'il convient de le distinguer du pénis réel. C'est à Lacan* qu'on doit d'avoir donné à cette notion une place centrale. La dialectique œdipienne est centrée autour du passage du phallus imaginaire, supposé à la mère, au phallus symbolique, qui est un signifiant. Il est le signifiant destiné à désigner dans leur ensemble les effets de signifié avec, à partir de l'intervention de la fonction paternelle, l'instauration du sens comme sexuel. Dans un temps ultérieur de son enseignement, Lacan fera du phallus une fonction avec laquelle il tentera de rendre compte de la question de la sexuation*.

Phobie

Peur intense liée à la menace du surgissement d'un objet ou d'une situation. Ce symptôme fréquent apparaît à certains moments précis du développement de l'enfant. Il peut aussi être organisé en véritable névrose phobique que Freud intitulera hystérie d'angoisse* pour souligner la proximité de son mécanisme avec l'hystérie de conversion*. Comme dans l'hystérie, le mécanisme à l'œuvre consiste en une séparation de l'affect d'avec la représentation, à ceci près que la libido ici n'est pas convertie mais libérée sous forme d'angoisse. Ce qui est en jeu dans la phobie est l'angoisse de castration*. Le signifiant phobique, véritable signifiant à tout faire selon le mot de Lacan, vient témoigner à la fois de la défaillance et de l'instauration de la métaphore* paternelle. Il organise un ordre, instaure une limite entre des espaces effrayants et lieux possibles d'accès et supplée un temps au Nom-du-Père*.

PLA

Plaisir (principe du)

Principe régissant l'appareil psychique avec pour but le plaisir et l'évitement du déplaisir. Celui-ci est lié à l'augmentation des quantités d'excitation de l'appareil psychique* tendant à la décharge pour maintenir le niveau d'excitation le plus faible.

Plaisir d'organe

Plaisir lié à la satisfaction auto-érotique des pulsions partielles dans une zone érogène pour provoquer l'apaisement de l'excitation là où elle se produit.

Position paranoïde-schizoïde

Terme introduit par Melanie Klein pour caractériser les relations d'objet lors des tout premiers temps de la vie. Les pulsions agressives et les pulsions libidinales existent simultanément, et l'objet partiel est clivé en bon et en mauvais. Il est vécu comme menaçant et pouvant détruire le Moi dans une relation réglée par la loi du talion, ce qui lui donne une dimension persécutive et créatrice d'angoisse. Les mécanismes prévalants de cette position sont l'introjection* et la projection*.

Position dépressive

Terme introduit par Melanie Klein pour caractériser un mode de la relation d'objet succédant à la position paranoïde-schizoïde*. Elle commence environ au quatrième mois. Le sujet à cause de ses pulsions sadiques craint de perdre la mère en la détruisant. Avec la position dépressive, il s'agit du passage d'une relation d'objet partiel à une relation d'objet total. Apparaissent à ce moment-là des activités réparatrices et leur dimension sublimatoire. Le clivage entre bon et mauvais objet n'est plus aussi radical. Cette position précède de peu l'Œdipe*, que Melanie Klein situe plus précocement que Freud.

Préconscient

Désigne, dans le cadre de la première théorie freudienne, un système de l'appareil psychique* à distinguer de l'inconscient* et de la conscience* avec laquelle il entretient une certaine proximité. À la différence de l'inconscient, ses contenus sont accessibles à la conscience. Il est régi par le processus secondaire* et séparé de l'inconscient par la censure*. Son rôle est de maintenir dans l'inconscient ce qui est refoulé.

Préœdipien

Qualifie la période antérieure à l'Œdipe* de la relation entre la mère et l'enfant. Ce terme n'apparaît chez Freud que lorsqu'il en vient à distinguer l'Œdipe féminin et l'Œdipe masculin. Néanmoins, s'il est habituel de donner un âge pour situer le complexe d'Œdipe, en fait, comme le montrent en particulier les travaux de Melanie Klein puis de Jacques Lacan, la datation de l'Œdipe et de la position du sujet par rapport à celui-ci sont particulièrement problématiques.

Principe de constance : voir Constance (principe de)

Principe de Nirvana : voir Nirvana (principe de)

Principe de plaisir : voir Plaisir (principe de)

Principe de réalité : voir Réalité (principe de)

Processus primaire, processus secondaire

Mode de fonctionnement de l'appareil psychique caractérisant pour le premier le système inconscient*, pour le second les systèmes préconscient-conscient*. Dans le processus primaire, il y a écoulement libre et mobilité de l'énergie psychique, avec une ten-

PRO

dance à réinvestir les traces des premières expériences de satisfaction. L'inconscient est le lieu de ces processus qui ont pour mécanismes spécifiques la condensation* et le déplacement*. Le processus secondaire qui caractérise les systèmes préconscient-conscient assure la liaison de l'énergie qui s'écoule de façon contrôlée et est soumis au principe de réalité*.

Projection

Opération par laquelle le sujet localise dans l'autre des pensées, des qualités, des sentiments, des désirs qui lui sont propres et qu'il méconnaît en lui. C'est une opération imaginaire à l'œuvre très tôt, comme le montre la position paranoïde-schizoïde* de Melanie Klein.

Psychanalyse sauvage

Pratique de type analytique en dehors du cadre de la cure ou par des personnes non formées.

Psychanalyste (formation du)

La nécessité pour le psychanalyste de faire une analyse ne s'est pas imposée dès le début de l'histoire de la psychanalyse. Quelques entretiens, une initiation à la méthode à partir de l'analyse de leurs propres rêves* ou de formations de l'inconscient* suffisaient généralement. Mais dès 1910, Freud recommande à l'analyste de se soumettre à une analyse personnelle. Cette invitation n'est pas une règle, mais elle le deviendra après la création en 1920 de l'Institut Psychanalytique de Berlin qui organisera d'une façon systématique la formation. La psychanalyse est intitulée didactique et toutes les étapes de son parcours sont soumises à l'appréciation d'une commission. Les analystes cessent de mêler à cette analyse personnelle du futur psychanalyste les conseils théoriques, voire les conseils cliniques concernant leurs propres patients. C'est ce même Institut qui édicte l'exigence des cures contrôlées, également appelées supervisions, analyses de contrôle, superauditions, analyse qua-

PSY

trième, etc. Il s'agit pour un analyste d'aller parler d'une cure qu'il dirige à un autre analyste plus expérimenté. Le troisième élément nécessaire à cette formation est assuré par les associations psychanalytiques qui proposent séminaires, échanges théoriques et cliniques, etc., et permettent le lien à une communauté. Cette standardisation de la formation fut souvent interrogée, mais c'est avec Lacan* que cette question sera reprise de façon conséquente. En effet, s'il est souhaitable que l'analyste effectue une cure aussi poussée que possible pour pouvoir occuper à son tour la position qui lui reviendra en tant qu'analyste dans le transfert et dans la cure, il est difficile, étant donné ce qu'est la cure analytique et la position de l'analyse dans cette cure, d'en soumettre le déroulement à une instance institutionnelle dont l'intervention dans la cure ne peut être tenue pour neutre, et de préjuger d'une fin qui n'est pas calculable au moment où s'engage l'entreprise. En effet, ce qui est à attendre d'une analyse et qui ne peut être assuré d'avance, c'est un remaniement subjectif, un nouvel agencement de l'inconscient qui permettra de produire un analyste. Or ce mouvement est intérieur à la cure. C'est ce qui fera dire à Lacan qu'il n'y a pas de formation de l'analyste, seulement des formations de l'inconscient. Ce qui peut être attendu d'une telle cure est la production de ce que Lacan mettra au principe de l'analyse même et au cœur du transfert, et qu'il nomme désir* du psychanalyste. Cette notion ne peut pas être confondue avec le désir particularisé d'un psychanalyste, il faut plutôt la concevoir comme cet élément à la fois énigmatique et nécessaire pour rendre compte de ce qui opère dans la cure. Ce désir inédit pour Lacan est une condition nécessaire pour tenir la place de l'analyste dans le dispositif de la cure. En raison de cette notion également, il est difficile de concevoir qu'une institution puisse donner une autorisation quelconque à pratiquer l'analyse. C'est-à-dire qu'un analyste puisse s'engager dans cette aventure qu'est une analyse au nom d'une institution quelconque. C'est ainsi qu'il faut comprendre la formule de Lacan qui était en même temps un constat au cœur de la psychanalyse même, qui énonçait : le psychanalyste ne s'autorise que de lui-même. Pour réarticuler les éléments de la formation, c'est-à-dire l'analyse personnelle, le contrôle et l'institution, Lacan proposera un dispositif institutionnel appelé la passe* afin de mettre au cœur de l'institution la question de la fin d'analyse et du passage à l'analyste.

Psychose

Pour Freud, il s'agit d'une perturbation fondamentale de la relation libidinale à la réalité. Les symptômes constatés sont en fait des tentatives intervenant dans un deuxième temps pour restaurer ce lien objectal perturbé. Dans la conception kleinienne, la psychose est liée à la position paranoïde-schizoïde et constitue une fuite vers le bon objet intérieur, là où dans la névrose celle-ci s'oriente vers l'extérieur. Pour Lacan, le mécanisme constitutif de la psychose est la forclusion* du Nom-du-Père* avec la cascade de remaniements qu'elle provoque pour le sujet.

Pulsion

Concept limite entre le psychique et l'organique, elle est le représentant psychique des forces organiques. Son nom s'explique par son caractère poussant, agissant de façon constante et caractérisé par quatre éléments : premièrement la source, qui est toujours une excitation dans le corps, la poussée déjà évoquée, l'objet* qui est ce en quoi ou par quoi elle se satisfait, mais qui ne lui est pas originellement lié, enfin le but qui est la satisfaction, c'est-à-dire la suppression de l'état de tension interne provenant de la source pulsionnelle. La pulsion n'est pas l'instinct*. D'autre part, elle n'est pas en tant que telle présente dans l'appareil psychique, elle n'y est que représentée. Le système pulsionnel, chez Freud, oppose et intrique deux types de pulsions. Dans un premier temps, il opposera les pulsions sexuelles et les pulsions du Moi, ou pulsions d'autoconservation. Puis dans un deuxième temps, après l'introduction du narcissisme*, Freud proposera un nouveau dualisme pulsionnel qui concernera l'opposition des pulsions du Moi et des pulsions d'objet. Enfin, avec l'élaboration de la deuxième topique*, c'est l'opposition des pulsions de vie, Eros*, et des pulsions de mort*. Il y a pour Freud quatre destins possibles pour la pulsion. Premièrement le renversement dans le contraire*, ainsi le retournement de l'actif au passif comme les couples opposés sadisme-masochisme, voyeurisme-exhibitionnisme, etc.; c'est un renversement qui concerne le but. Deuxièmement le retournement sur la personne propre* ; il s'agit là d'un changement d'objet. Troisièmement le refoulement*. Quatrièmement la sublimation* comme modification du but, mais aussi de l'objet.

Enfin, notons que les pulsions sont essentiellement des pulsions partielles, chacune se spécifiant par une source (exemple : l'oralité, l'analité, etc.) et un but (pulsion scopique, pulsion d'emprise, etc.). La fusion de ces pulsions partielles dans une pulsion génitale unifiante reste tout à fait problématique.

Pulsion de mort

Élément de la deuxième topique freudienne opposée et intriquée aux pulsions de vie (Eros)*. Freud en fait l'hypothèse à partir de la place qu'il donne à la notion de répétition*. Opposée à la pulsion de vie, Eros*, elle tend à un retour à l'inanimé, à l'inorganisé, à ce qui serait une mort originelle. C'est ce que Freud nomme principe de Nirvana*.

Punition : voir Besoin de punition

Rank (Otto) (1884-1939)

Psychanalyste né à Vienne, il fait partie des premiers disciples de Freud*. Intéressé par la question des psychoses, il fera à partir de 1924 du traumatisme de la naissance et de l'angoisse conséquente, la fonction centrale de la psychanalyse au détriment du complexe d'Œdipe*. Il proposa ensuite des aménagements techniques pour la cure analytique. Émigré aux États-Unis, il sera exclu de l'Association Internationale de Psychanalyse en 1930. Il meurt à New York en 1939.

Bibl. : *Le Mythe de la naissance du héros*; *Le Traumatisme de la naissance*; *Don Juan et le double*; *Études psychanalytiques*.

Réaction thérapeutique négative

Type de résistance* liée à un sentiment de culpabilité inconscient, présent dans certaines structures masochistes qui fait qu'à chaque fois qu'une amélioration devrait survenir du fait du progrès de la cure, il se produit au contraire une aggravation. Freud rattachera la réaction thérapeutique négative à la pulsion de mort*.

Réactionnelle (formation)

Comportement allant dans le sens opposé d'un désir* refoulé. Il s'agit d'un contre-investissement* d'un élément conscient* qui s'oppose à l'investissement inconscient*, ainsi la compassion s'opposant à la pulsion sadique, etc.

Réalité (principe de)

Principe régulateur du principe de plaisir* avec lequel il fait couple. Il diffère et aménage la recherche du plaisir en fonction des conditions imposées par le monde extérieur. Pour Freud, son introduction sépare le monde du fantasme*, uniquement soumis au principe de plaisir, du monde réel. Le principe de réalité correspond à une transformation de l'énergie libre en énergie liée. Il intervient dans le système préconscient-conscient*.

Réalité psychique

Terme proposé par Freud qu'il distingue et oppose à la réalité matérielle. Le monde fantasmatique, le désir* inconscient constituent la réalité psychique et sont propres à rendre compte des névroses*, par exemple. L'emploi de ce terme revient pour Freud à soutenir que la réalité psychique a la même valeur que sur un autre plan la réalité matérielle. En effet, ce qui caractérise les processus inconscients est qu'ils remplacent la réalité extérieure par une réalité psychique.

Réel

Terme introduit par Lacan*, l'un des trois registres essentiels de la psychanalyse avec le Symbolique* et l'Imaginaire*. Il n'est pas la réalité qui est un effet du Symbolique et commandée par le fantasme*. Il est une catégorie produite par le Symbolique, qui correspond à ce que celui-ci expulse en s'instaurant. Si Lacan le repère dans la psychose et dans les phénomènes d'hallucination – « ce qui n'est pas venu au jour du symbolique, apparaît dans le réel » –, c'est en réinterrogeant la sexualité freudienne et la question de la relation entre les sexes à partir du fantasme qu'il l'abordera de façon plus précise. Du fait de la non inscription de la différence des sexes dans l'inconscient et de la position du fantasme au regard du statut du phallus* pour les deux sexes, Lacan viendra à énoncer qu'« il n'y a pas de rapport sexuel », comme reformulation de la problématique freudienne de la différence des sexes et de la façon dont le sujet est introduit à la question de la sexualité à partir du couple parental. C'est ce qui constituera le réel pour un sujet. Ce non rapport est un effet du langage et de la parole. Du fait de sa position par rapport au Symbolique, le Réel est ce qui est innommable ; le Réel c'est l'impossible, dira Lacan.

Refoulement

Le refoulement consiste à mettre à l'écart et à tenir à distance du conscient. Il opère sur des représentations* mais ne les supprime pas. Il porte sur des motions pulsionnelles et la réaction équivalente, s'il s'agissait d'une excitation externe, serait la fuite. Le refoulé qui est un représentant de la pulsion* persiste dans l'inconscient, produit des rejetons* et y est actif. Ce qui est refoulé tend toujours à faire retour. C'est pourquoi sur le plan dynamique, le refoulement exige une dépense d'énergie constante. Il est un des destins pulsionnels et appartient aux mécanismes de défense*, même s'il a une extension bien plus grande que d'être simplement l'un d'entre eux.

Freud distingue trois phases du refoulement. Le refoulement proprement dit ou refoulement après-coup porte sur le représentant de la pulsion ; celui-ci subit un retrait de l'investissement* préconscient, mais l'investissement inconscient est conservé. En même temps, un contre-investissement* vient du système préconscient qui maintient le refoulement, ainsi qu'une attraction provenant des éléments déjà refoulés. Il y a donc un premier temps, le refoulement originaire. Il ne dépend que d'un contre-investissement par lequel le système préconscient se protège contre la poussée de la représentation inconsciente. Ce refoulement originaire dans la perspective de Lacan* concerne la signification symbolique liée au phallus. Il est ce refoulement qui opère à partir de la métaphore paternelle*. Après-coup, le refoulement originaire entraîne avec lui le refoulement des pulsions partielles*. Le troisième temps est le retour du refoulé.

Règle fondamentale

Modalité fondamentale de la cure analytique qui consiste pour celui qui s'y engage à ne rien omettre de ce qui lui vient à l'esprit en renonçant à toute critique. Il s'agit d'instaurer la méthode de libre association*. Celle-ci a un corollaire du côté de l'analyste : l'attention flottante*.

Régression

Retour à une situation et à des modes de fonctionnement antérieurs au sens topique*, formel ou temporel opérés par un sujet. Bien que cette notion soit le plus souvent employée dans une perspective psychogénétique au sens d'une régression à un stade antérieur du développement*, mouvement provoqué par une frustration* intolérable

– cette régression s'expliquant par une fixation* à ce stade –, Freud distingue trois types de régressions. Tout d'abord la régression topique qui se réfère à l'organisation des instances* de l'appareil psychique. Ainsi, lors de l'état de veille les excitations parcourent l'appareil psychique dans un mouvement qui va de la perception à la motilité ; dans l'état de sommeil, au contraire, les pensées inconscientes ne peuvent accéder à la motilité et régressent à la perception, ce qui explique le rêve et sa proximité avec l'hallucination. La régression formelle concerne par exemple le passage du processus secondaire* au processus primaire*. Ce sont des fonctions qui sont intéressées par ce processus. Enfin, la régression temporelle où le sujet fait retour à des modes plus archaïques de fonctionnement comprend la notion déjà évoquée de régression à un stade libidinal antérieur. La régression a souvent été mal comprise, et elle a pu servir une conception du traitement comme reviviscence d'expériences archaïques. Lacan soulignera que « la régression ne montre rien d'autre que le retour au présent, de signifiants usités dans des demandes pour lesquelles il y a prescription ». Enfin, il faut souligner que la régression est le mouvement propre de la cure analytique.

Rejeton de l'inconscient

Terme désignant des éléments du refoulé ou dérivés de celui-ci resurgissant dans la conscience, dans les formations de l'inconscient* ou dans des actions.

Relation d'objet

Terme désignant d'une façon générale les relations du sujet à son environnement, relation qu'il faut comprendre comme les effets de son histoire et de sa structure. On a d'ailleurs cherché à caractériser celle-ci par un des types particuliers de relation d'objet. Cette notion sera particulièrement interrogée par Lacan dans le quatrième séminaire de son enseignement qui porte ce titre. En effet, en centrant la cure sur la relation d'objet, on court le risque d'orienter le sujet vers une adaptation à la réalité moyennant une accommodation à l'objet*. Or, l'objet en jeu dans la psychanalyse est un objet perdu, et à la notion d'objet, il convient de substituer la notion de manque d'objet, qui est déterminante pour la structure.

Renversement dans le contraire

L'un des destins de la pulsion* dans lequel le but de celle-ci se transforme en son contraire, par exemple, en passant de l'activité à la passivité.

Réparation

Terme introduit par Melanie Klein* pour désigner la façon dont le sujet cherche à réparer dans l'objet les effets de ses fantasmes destructeurs. La réparation intervient principalement lors de la position dépressive*, lorsqu'est instaurée une relation à l'objet total.

Répétition

Désigne ce qui dans la vie d'un sujet concerne des comportements, des situations, des propos qui se répètent régulièrement à son insu. La répétition est pour Freud une contrainte. D'où le terme de compulsion de répétition. Ces répétitions sont des manières de retour du refoulé, mais elles ne sont pas nécessairement une source de plaisir. Ainsi, Freud les repère dans les conduites répétitives d'échec, la névrose traumatique, ainsi que le jeu du *fort-da**, etc. La répétition est aussi dans la cure analytique une limite à la remémoration ; au moment où se répète ce qui précisément ne peut se remémorer. C'est cette notion qui conduira Freud à revenir sur sa théorie des pulsions et à faire l'hypothèse d'une pulsion de mort*, d'un au-delà du principe de plaisir*.

Représentation

Classiquement, dans le vocabulaire de la philosophie, «ce qui forme le contenu concret d'un acte de pensée [...], reproduction d'une perception antérieure». La pulsion* n'est pas présente en tant que telle dans l'appareil psychique ; elle y est représentée de deux manières : d'une part par l'affect*, d'autre part par la représentation. Freud distingue et oppose représentation et affect. C'est sur la représentation que portera le refoulement*. On rapprochera la notion de représentation de celle de trace mnésique* car pour Freud la représentation suppose un investissement que la trace mnésique littéralement ne suppose pas. Lacan rapprochera la notion de représentation de celle de signifiant*. Dans ses articles sur la métapsychologie, Freud précise ce qu'il avait déjà esquissé auparavant, à savoir la distinction entre représentation de chose, qui est de nature visuelle et qui est présente dans l'inconscient*, et représentation de mot, de nature acoustique et qui est associée à la représentation de chose dans le système préconscient-conscient*.

Répression

Opération faisant disparaître de la conscience un contenu déplaisant. Ce contenu passe du conscient* au préconscient* et s'il s'agit d'un affect, celui-ci est inhibé ou supprimé. La répression se distingue du refoulement* puisque dans celui-ci seulement le contenu refoulé devient inconscient.

Résistance

Tout ce qui dans la cure s'oppose au travail analytique. Le paradoxe est que la résistance est liée à la structure même de l'appareil psychique* et aux effets du refoulement*. En effet, il n'y a pas de raison pour que le sujet accède facilement à ce qui précisément a été refoulé. Ainsi, on ne s'étonnera pas de voir que «la résistance augmente à mesure qu'on s'approche du noyau pathogène». Ce sont en effet les forces psychiques elles-mêmes qui ont produit le refoulement qui provoquent la résistance. Dans cette perspective, le transfert* lui-même prendra une place particulière puisqu'il est sur l'un de ses versants la résistance elle-même.

Reste diurne : voir Rêve

RET

Retour du refoulé : voir Refoulement

Retournement sur la personne propre

L'un des destins de la pulsion* dans laquelle l'objet est remplacé par la personne propre.

Rêve

Production psychique survenant pendant le sommeil et qui constitue pour la psychanalyse un mode d'accomplissement du désir* inconscient. Le rêve, cette « voie royale », a tenu une place fondamentale dans la découverte de la psychanalyse et dans l'auto-analyse* de Freud*. C'est pour lui un processus pathologique normal où se produit le désir inconscient qui apparaît déformé, mais qui peut être déchiffré. Le rêve combine des éléments divers dont des restes diurnes qui sont des éléments de la vie récente du rêveur et qui apparaissent dans le contenu manifeste du rêve. Mais le rêve est une formation de l'inconscient* et ce qui est à décrypter est le contenu latent. Le passage entre le contenu latent et le contenu manifeste est l'effet du travail du rêve. Deux mécanismes fondamentaux y sont à l'œuvre : la condensation* et le déplacement* ainsi que la prise en considération de la figurabilité et l'élaboration secondaire. En effet, paradoxalement, la censure* tend à rendre compréhensible le rêve manifeste. Freud souligne : « Le rêve est un acte psychique complet ; sa force pulsionnelle est toujours un désir à accomplir ; sa non reconnaissance en tant que désir, sa bizarrerie et ses absurdités multiples proviennent de la censure psychique qu'il a subi lors de sa formation. »

Roman familial

Terme introduit par Freud pour désigner le récit modifié imaginairement par un sujet de son histoire familiale. Ainsi, il s'inventera une ascendance prestigieuse ou s'imaginera être un enfant trouvé, etc.

S

Sadisme

Composante agressive de la pulsion* sexuelle où la satisfaction est alors liée à la douleur ou à l'humiliation provoquée chez autrui. Au-delà du sadisme comme perversion* nécessitant pour atteindre la satisfaction une douleur effective psychique ou physique infligée à autrui, Freud lui reconnaît une place dans de nombreuses manifestations, en particulier dans la sexualité infantile dont elle constitue une composante fondamentale.

Scène primitive

Relation sexuelle entre les parents dont le sujet est témoin. Elle a un rôle fondamental pour la subjectivité et appartient aux fantasmes* originaires.

Schizophrénie

Terme introduit par Bleuler pour désigner un groupe de psychoses*. Cet ensemble avait déjà été isolé par Kraepelin sous le nom de démence précoce. Elle se distingue de la paranoïa* au sens classique car elle comporte toujours un élément central, la discordance ou dissociation. Il peut y avoir un délire ou non. Si Freud n'a pas adhéré tout à fait au terme créé par Bleuler, il a néanmoins reconnu l'existence de deux grands groupes de psychoses, pouvant se combiner de façon diverse, mais effectivement distinctes. Ce qui spécifie cette catégorie est un désinvestissement de la réalité et un surinvestissement des représentations*. Pour lui, la schizophrénie témoigne d'une fixation à un moment du développement antérieur à la paranoïa.

Séduction (théorie de la)

Théorie proposée par Freud à l'origine des psychonévroses. Une scène réelle de séduction de la part d'un adulte, c'est-à-dire l'in-

SEL

tervention dans la vie du sujet d'un événement «pré-sexuel», est vécue passivement et avec déplaisir pour l'hystérie*, activement et avec plaisir dans la névrose obsessionnelle*. En 1897, Freud abandonnera cette théorie pour situer la séduction dans le fantasme*, et cet abandon est considéré comme le moment de naissance de la psychanalyse.

Self

Dans l'œuvre de Winnicott, désigne une instance différente du Moi et postérieure à lui, se constituant par distinction d'avec l'environnement, mais dans un rapport avec lui. Winnicott distinguera vrai self et faux self. Le faux self est lié à une carence de la présentation de l'objet au stade de la dépendance absolue, c'est-à-dire dépendant de l'adaptation de la mère à l'enfant. Il ne faut pas radicalement les opposer, car il y a toujours une dimension de faux self qui a une fonction positive, à savoir dissimuler le vrai self. Dans ce cas, le faux self correspond à ce qui est de l'ordre des conduites sociales et de l'adaptation, au sens du compromis. Si le faux self s'est trop développé, il est pathologique. Cette notion sera également développée, mais dans un sens sensiblement différent, par Heinz Kohut.

Sentiment de culpabilité : voir Culpabilité

Sexualité infantile

Distincte de la sexualité en général et de la génitalité, la sexualité infantile a été découverte par Freud au cours des analyses d'adultes. Elle correspond à ce que Freud attribue à ces premiers temps de l'enfant avant la puberté et qu'il caractérise du terme de perversion sexuelle polymorphe. Elle renvoie aux différents stades* prégénitaux (oral, anal, etc.), et concerne la dimension fantasmatique qui s'organisée autour du phallus*, comme en témoigne à cette époque de la vie ce que Freud nomme les théories sexuelles infantiles.

SEX

Sexuation

Terme avancé par Lacan* pour désigner la différence des sexes et la façon dont un sujet en vient à assumer le sien. Ce terme est à distinguer de la sexualité biologique. Pour la psychanalyse, il n'y a en effet qu'un seul symbole pour les deux sexes, qu'une seule valeur, le phallus*. Le sujet est conduit à s'inscrire comme homme ou comme femme et c'est quelque chose qui relève du langage. Lacan proposera des formules de la sexuation organisées autour de la fonction phallique et articulant la différence des sexes.

Signal d'angoisse : voir Angoisse

Signifiant

Terme emprunté par Lacan* à la linguistique saussurienne. Pour Saussure, la langue est faite de signes linguistiques constitués par l'association d'un concept, le signifié, et d'une image acoustique, le signifiant. Lacan reprend cette notion pour en faire un élément du discours inconscient, déterminant du sujet*. Ce privilège de la parole et du langage est patent dans l'œuvre freudienne dès ses débuts, où la fonction signifiante prime manifestement sur celle de signifié. En reprenant la notion saussurienne, Lacan la remanie du fait de l'inconscient*. D'une part, il défait l'unité du signe linguistique que constituaient le signifié et le signifiant en plaçant le signe dans un registre différent de celui du signifiant. D'autre part, il inverse la formule de Saussure pour marquer le primat au signifiant et il insiste enfin sur la barre qui sépare signifiant et signifié. Enfin, il dissocie les deux termes de Saussure car le signifiant n'a pas comme fonction de représenter le signifié, car il existe en dehors de toute signification. Ainsi, quand l'analyste interprète un rêve, il donne à certains éléments du récit une valeur de signifiant. Chaque terme en appelle un autre selon des chaînes signifiantes, c'est-à-dire d'une façon déterminée au niveau de l'inconscient. Enfin, Lacan définira le signifiant comme ce qui représente le sujet pour un autre signifiant. Le sujet n'est pas dans l'ensemble des signi-

SOU

fiants – que Lacan appelle le grand Autre* –, il y est seulement représenté par un signifiant auprès de cet ensemble de signifiants. Ainsi en va-t-il, par exemple, du nom propre.

Souvenir-écran

Souvenir infantile constitué à partir d'événements réels et de fantasmes. Le souvenir-écran est une formation de compromis*.

Stade du miroir : voir Miroir

Stade (du développement)

Encore dénommé stade libidinal. Étape du développement de l'enfant correspondant à une organisation de la libido caractérisée par la dominance d'une zone érogène et d'un mode de relation d'objet. Au cours de l'évolution de l'enfant, il y a un abandon successif de certaines zones érogènes. Au début de la vie de l'enfant, « l'activité sexuelle s'étaye sur une des fonctions servant à la conservation de la vie et ne s'en affranchit que plus tard ». Dès lors, les lèvres, la cavité buccale auront « tenu le rôle d'une zone érogène ». Le premier stade est le stade oral ; la pulsion partielle est orale, l'objet le sein. Le but sexuel réside dans l'incorporation de l'objet, ce qui servira de prototype plus tard à l'identification. Le suçotement que l'on observe chez les enfants est un reliquat de ce premier stade. Le stade suivant est le stade anal ; il est comme le précédent le lieu d'une activité auto-érotique. La zone érogène est l'anus et l'objet les fèces. Le stade anal est lié à l'éducation sphinctérienne et correspond à l'opposition entre actif et passif. Enfin, le stade d'objet génital qui se fait en deux temps : une première période entre deux et cinq ans, puis la seconde à la puberté, séparée par la période de latence. Abraham* développera cette succession en introduisant de nouvelles subdivisions. Melanie Klein* proposera, pour rendre compte des tout premiers temps, de distinguer une position paranoïde-schizoïde* et une position dépressive*.

Sublimation

L'un des destins de la pulsion* caractérisée par une modification du but mais aussi de l'objet. Une pulsion est désexualisée et détournée vers un but valorisé socialement. Il n'y a pas de refoulement*.

Substitutive (formation)

Terme désignant les formations de l'inconscient* et les symptômes* qui permettent une satisfaction sexuelle substitutive.

Sujet

Terme utilisé par Lacan pour distinguer du Moi*, instance imaginaire*, le sujet supposé de l'inconscient* étant donné que celui-ci est le lieu de pensées et de désirs. Il est en tant que tel un effet de l'ordre symbolique*, du signifiant*. « Le sujet n'est qu'effet de langage », écrira Lacan. Il est au départ un sujet parlé avant de parler ; en ce sens il est littéralement sujet du signifiant.

Surdétermination

Désigne le fait qu'une formation de l'inconscient* n'a pas qu'un, mais plusieurs facteurs qui la déterminent. Cette notion renvoie à celle de condensation*.

Surinterprétation

Terme qui renvoie à la surdétermination* et qui indique qu'une même séquence d'un rêve peut prêter à plusieurs interprétations non contradictoires.

Surmoi

Une des trois instances de la deuxième topique* freudienne avec le Moi* et le Ça*, dont le rôle est d'être un juge du Moi. Le Surmoi est de l'ordre de la conscience morale et concerne le sentiment inconscient de culpabilité. Il peut très largement dépasser son objet et être d'une extrême dureté avec le Moi. Il est l'héritier du complexe d'Œdipe* et correspond à l'intériorisation des interdits proférés par les parents et les éducateurs. Il se manifeste par la culpabilité, mais aussi comme injonction : tu dois être ainsi, ou : tu n'as pas le droit d'être ainsi. Il a donc aussi une dimension compulsionnelle. Il est le germe à partir duquel se sont formées les religions. Souvent Freud ne distingue pas le Surmoi et l'Idéal du Moi*. Pour Melanie Klein*, il est une formation précoce antérieure à l'Œdipe.

Symbolique

Terme introduit par Lacan comme l'un des trois registres essentiels de la psychanalyse avec l'Imaginaire* et le Réel*. Ce terme, lorsqu'il est introduit par Lacan, se réfère au signifiant et au langage, mais aussi à la fonction symbolique telle que l'avait mise en avant Claude Lévi-Strauss comme organisant l'échange à l'intérieur des groupes sociaux, en particulier le mariage, fonction dans laquelle l'interdit de l'inceste est fondamental. Cette loi primordiale au cœur de l'Œdipe* est donc «identique à un ordre de langage», supporté par la fonction paternelle.

Symptôme

Formation de compromis* entre un désir* inconscient et la défense* permettant une satisfaction sexuelle substitutive, c'est-à-dire l'accomplissement d'un désir.

T

Topique

Approche théorique représentant l'appareil psychique* comme un espace organisé en un certain nombre de systèmes ou instances spécifiques articulés les uns aux autres. Freud proposa deux topiques ; une première en 1900 dans *L'Interprétation des rêves* où il distingue trois systèmes : inconscient*, préconscient* et conscient*, puis une seconde topique en 1923 où il distingue trois instances : le Moi*, le Ça* et le Surmoi*.

Traces mnésiques

Terme désignant la forme d'inscription des événements dans la mémoire. Elles sont selon Freud disposées dans les différents systèmes de l'appareil psychique, mais ne sont actives que lorsqu'elles sont investies.

Transfert

Événement fondamental de la cure analytique, caractérisant la relation de l'analysant à l'analyste et constituant un processus d'actualisation des désirs* inconscients. Freud parlera dans un premier temps des transferts, comme mode de déplacement du désir inconscient sur des restes diurnes dans le rêve. Un affect se déplace d'une représentation à une autre ; et la personne du médecin peut en être l'objet. Il est dans ce cas substitué à une personne antérieure, l'une des figures impliquées dans le complexe d'Œdipe*. Le sujet est amené à répéter dans sa vie et dans l'analyse de nouvelles éditions de tendances, de fantasmes* liés à des représentations* dont la première édition infantile a été refoulée. En ce sens, Lacan pourra dire que le transfert est la « mise en acte de l'inconscient ». Il est donc le moteur de la cure mais il est aussi une résistance*, car il est lié à une répétition* qui s'effectue dans la méconnaissance la plus totale. Le transfert peut prendre dans la cure deux aspects : le transfert positif qui concerne les sentiments amicaux ou tendres que le patient éprouve pour l'analyste, ou bien le transfert négatif où ces sentiments prennent une coloration agressive ou franchement hostile. Le transfert analytique ne se confond pas avec la répétition car il est l'occasion d'une rencontre qui fera que ce qui se rejoue là ne sera pas simple répétition des émotions infantiles du fait de la position de l'analyste. C'est ce qui conduira Lacan à situer au cœur du transfert la notion de désir de l'analyste*.

Transitionnel (objet) : voir Objet transitionnel

Traumatisme

Événement apportant dans la vie psychique un surcroît d'excitation que l'appareil psychique ne peut traiter par les modes habituels pour le supprimer ou l'assimiler. Le traumatisme est généralement de nature sexuelle. Freud, dans le cadre de la théorie de la séduction*, considérera que l'étiologie de la névrose venait d'un choc sexuel consistant en une séduction précoce par un adulte. Dans cette perspective, le traumatisme pour Freud implique deux temps distincts, d'une part la scène de séduction intervenant dans une période prépubertaire. Elle ne provoque chez l'enfant ni excitation sexuelle ni refoulement*. Après la puberté, un autre événement possédant quelques traits pouvant être associé au premier déclenche un afflux d'excitations internes dues au souvenir de la scène de séduction et produit le refoulement de celui-ci. C'est la mise en mouvement de la défense* contre cette représentation inconciliable qui constituera la psychonévrose. Freud abandonnera cette première théorie traumatique en découvrant la psychanalyse. Mais il reviendra à la notion de traumatisme en mettant en évidence la névrose traumatique telle que la Première Guerre mondiale devait en produire. Il sera conduit à concevoir la pulsion de mort*.

Winnicott (Donald Woods) (1896-1971)

Pédiatre et psychanalyste anglais, il s'intéressa principalement à la psychanalyse avec les enfants et constitua une œuvre qui va bien au-delà de ce champ. Il insiste sur l'importance de ce qu'il appelle l'environnement pour le développement de l'enfant, qui renvoie d'une façon générale à ce qui est de l'ordre d'une fonction maternelle. La mère suffisamment bonne par le holding* et le handling* permettra, en s'adaptant de façon adéquate aux besoins de son enfant, un développement conséquent de celui-ci. Il introduira également la notion d'objet transitionnel*, bout de tissu, peluche, etc., auquel l'enfant manifeste un attachement particulier à un moment donné de son développement et qui est ensuite destiné à être perdu. Il vient sur les traces de la séparation d'avec la mère dont il témoigne, il est la première possession non-moi. Sa disparition laisse la place à ce que Winnicott appellera l'aire transitionnelle, espace où le jeu et la créativité pourront se développer. Il proposera également la notion de self*. L'ensemble ébauche une théorie qui est l'une des plus importantes élaborations postfreudiennes.

Bibl. : *De la pédiatrie à la psychanalyse*; *Processus de maturation chez l'enfant*; *Jeu et réalité*.

Zones érogènes

Régions du corps pouvant être le siège d'une excitation sexuelle. On désigne sous ce terme certaines zones particulières comme la zone orale, la zone anale, etc., qui sont la source des pulsions partielles*.

BIBLIOGRAPHIE

Des indications bibliographiques sommaires figurent à la suite de la plupart des entrées concernant un auteur.

Dictionnaires

Pour des informations plus détaillées et approfondies, on pourra consulter les ouvrages suivants :

LAPLANCHE J. et PONTALIS J.-B., *Vocabulaire de la psychanalyse*, Paris, PUF, 1967.

CHEMAMA R. (dir.), *Dictionnaire de la psychanalyse*, Paris, Larousse, 1995.

KAUFMANN P. (dir.), *L'Apport freudien. Éléments pour une encyclopédie de la psychanalyse*, Paris, Bordas, 1993.

ROUDINESCO E. et PLON M., *Dictionnaire de la psychanalyse*, Paris, Fayard, 1997.

Introductions générales à la psychanalyse

Parmi les plus récentes :

ASSOUN P.-L., *Psychanalyse*, Paris, PUF, coll. "Premier cycle", 1997. Très complète (763 p.).

VANIER A., *Éléments d'introduction à la psychanalyse*, Paris, Nathan, coll. "Université. 128", 1996. (128 p.)

Principaux ouvrages des auteurs cités

Sigmund Freud

Chez Gallimard, dans la collection "Connaissance de l'inconscient", on trouvera des traductions récentes de :

La Psychopathologie de la vie quotidienne ;

Le Mot d'esprit et sa relation à l'inconscient ;

Trois essais sur la théorie sexuelle ;

Totem et tabou ;

L'Homme Moïse et la religion monothéiste ; etc.

ainsi que la *Métapsychologie* en collection de poche.

Chez Payot, les *Essais de psychanalyse*.

Aux PUF :

en collaboration avec J. Breuer, les *Études sur l'hystérie*;

La Naissance de la psychanalyse (comprenant la correspondance avec Fliess, dont l'Esquisse d'une psychologie scientifique) ;

L'Interprétation des rêves;

Cinq psychanalyses;

Névrose, psychose et perversion; etc.

La première édition des œuvres complètes est en cours aux PUF (8 volumes parus sur 21 prévus).

Les études sur l'œuvre de Freud sont nombreuses. On peut citer comme introduction à son œuvre :

Mannoni O., *Freud*, Paris, Le Seuil, coll. "Écrivains de toujours", 1968 ;

Landman P., *Freud*, Paris, Les Belles Lettres, coll. "Figures du savoir", 1997.

Autres auteurs cités

Abraham K., *Œuvres complètes*, trad. I. Barande et E. Grin, Paris, Payot, 1965, rev. 1990 (2 vol.).

Balint M., *Le Médecin, son malade, et la maladie*, trad. J.-P. Valabrega, Payot, 1966.

Bettelheim B., *La Forteresse vide*, trad. R. Humery, Paris, Gallimard, 1969.

Bion W.R., *Recherches sur les petits groupes*, trad. E.L. Herbert, PUF, Paris, 1965.

Bion W.R., *Aux sources de l'expérience*, trad. F. Robert, Paris, PUF, 1979.

Bion W.R., *Transformations*, trad. F. Robert, Paris, PUF, 1982.

Dolto F., *Le Cas Dominique*, Paris, Le Seuil, 1971.

Dolto F., *Psychanalyse et pédiatrie*, Paris, Le Seuil, 1971.

Dolto F., *Au jeu du désir. Essais cliniques*, Paris, Le Seuil, 1981.

Dolto F., *L'Image inconsciente du corps*, Paris, Le Seuil, 1984.

Dolto F., *Solitude*, Paris, Gallimard, 1994.

Dolto F., *Le Sentiment de soi*, Paris, Gallimard, 1997.

Ferenczi S., *Psychanalyse. Œuvres complètes*, Paris, Payot, 1968-1982.(4 vol.).

Freud A., *Le Moi et les mécanismes de défense*, trad. A. Berman, Paris, PUF, 1949.

Freud A., *Le Normal et le pathologique chez l'enfant*, trad. D. Widlöcher, Paris, Gallimard, 1968.

Freud A., *L'Enfant dans la psychanalyse*, trad. D. Widlöcher et coll., Paris, Gallimard, 1976.

Groddeck G., *Le Livre du ça*, trad. L. Jumel, Paris, Gallimard, 1963.

Jones E., *La Vie et l'Œuvre de Sigmund Freud*, trad. A. Berman, Paris, PUF, 1958-1969 (3 vol.).

Klein M., *Essais de psychanalyse*, trad. M. Derrida, Paris, Payot, 1968.

Klein M., *La Psychanalyse des enfants*, trad. J.-B. Boulanger, Paris, PUF, 1975.

Klein M., Heimann P., Isaacs S., Riviere J., *Développements de la psychanalyse,* trad. W. Baranger, Paris, PUF, 1966.

Lacan J., *Écrits*, Paris, Le Seuil, 1966.

Lacan J., *Le Séminaire*, texte établi par J.-A. Miller, Paris, Le Seuil (9 volumes parus sur 26 prévus).

Rank O., *Le Traumatisme de la naissance*, Paris, Payot.

Rank O., *Don Juan et le double*, Paris, Payot.

Winnicott D.W., *De la pédiatrie à la psychanalyse*, trad. J. Kalmanovitch, Paris, Payot, 1969.

Winnicott D.W., *Processus de maturation chez l'enfant*, trad. J. Kalmanovitch, Paris, Payot.

Winnicott D.W., *Jeu et réalité. L'espace potentiel*, Paris, Gallimard, 1975.

REPÈRES CHRONOLOGIQUES

Freud* naît le 6 mai 1856 à Freiberg (aujourd'hui Pribor) en Moravie. Il est le premier enfant du troisième mariage de son père Jacob. Sa mère Amalia a vingt ans de moins que son mari. Il est prénommé Sigismund, qu'il transformera plus tard en Sigmund, et Schlomo. La famille s'installe en 1859 à Leipzig, puis à Vienne l'année suivante, à la faveur d'une libéralisation de la situation des Juifs. Il est un élève brillant au lycée et finit par s'inscrire en médecine en 1873, non sans hésitation. Durant ces années, il lit beaucoup, en particulier les grands classiques. Mais il est aussi attentif au mouvement des idées de son époque, et s'intéresse à Feuerbach, va écouter Brentano, etc.

Il entre dans le laboratoire de Brücke où il poursuite des recherches sur la physiologie nerveuse, travaille sous la direction de Nothnagel et de Meynert. Ses difficultés de carrière retardant son mariage et son installation, il saisit l'occasion d'une bourse pour se rendre en 1885 à Paris afin d'effectuer un stage à la Salpêtrière auprès de Charcot.

L'année suivante, de retour à Vienne, il épouse Martha Bernays et ouvre un cabinet où il pratique l'électrothérapie et l'hypnose*. En 1889, il se rend à Nancy pour rencontrer Bernheim, qui pratique aussi l'hypnose mais dans une perspective différente de Charcot.

À la fin de 1887, il rencontre Wilhelm Fliess* avec lequel il va échanger pendant plus de quinze ans une abondante correspondance, publiée sous le titre *La Naissance de la psychanalyse*.

En 1895, il publie, en collaboration avec Joseph Breuer*, les *Études sur l'hystérie*.

En 1897, il renonce à la théorie de la séduction*, découvre le complexe d'Œdipe* et commence son "auto-analyse"*. Il fait paraître en 1899 *L'Interprétation des rêves,* qui contient la première théorie de l'appareil psychique*.

La première décennie du siècle est riche en publications (*La Psychopathologie de la vie quotidienne,* 1901 ; *Le Mot d'esprit et sa relation à l'inconscient, Trois essais sur la théorie sexuelle,* 1905 ; etc.). Des réunions régulières ont lieu chez Freud à partir de 1902 et constituent la Société psychologique du Mercredi. Celle-ci devient, en 1908, la Société psychanalytique de Vienne. En 1910, lors du deuxième congrès international de psychanalyse à Nuremberg (le premier ayant eu lieu en 1908 à Salzbourg), est créée l'International Psychoanalytical Association (I.P.A.).

Des dissidences vont rapidement apparaître. Adler*, puis Jung*, pourtant premier président de l'I.P.A., quittent le mouvement. Un comité secret est alors créé à l'initiative d'Ernest Jones* où l'on retrouve, outre Jones et Freud, Abraham*, Eitingon, Ferenczi*, Rank*, et Sachs.

Le mouvement psychanalytique se développe rapidement et dans divers pays après la Première Guerre mondiale. Après avoir remanié quelque peu sa théorie à partir de son étude sur le narcissisme* en 1914, Freud propose, après l'introduction de la notion de pulsion de mort* en 1920 dans *Au-delà du principe de plaisir*, une nouvelle théorie de l'appareil psychique, qu'il expose en 1923 dans *Le Moi et le ça*.

L'arrivée du nazisme va contraindre la plupart des analystes allemands puis autrichiens à l'exil. Freud lui-même quitte Vienne en 1938 et s'installe à Londres. Il y meurt l'année suivante.

Sa fille Anna Freud* avec le "groupe des Viennois" va prendre une place importante dans la Société britannique de psychanalyse, que domine Melanie Klein* depuis 1926, ainsi que, plus généralement, dans l'I.P.A.

En France, la psychanalyse en partie introduite par les surréalistes se développera plus lentement. La Société psychanalytique de Paris est créée en 1926 avec principalement Marie Bonaparte, René Laforgue, Rudolf Loewenstein, qui sera l'analyste de Jacques Lacan*. C'est après la Seconde Guerre mondiale que le mouvement psychanalytique français connaîtra sa première scission. En 1953, à la suite d'un conflit concernant la création d'un institut pour la formation des psychanalystes, Daniel Lagache, Juliette Favez-Boutonnier, Blanche Reverchon-Jouve, Françoise Dolto*, puis Jacques Lacan démissionnent et créent la Société Française de Psychanalyse. Cette même année, Lacan prononce à Rome un rapport intitulé "Fonction et champ de la parole et du langage en psychanalyse" (in *Écrits*) qui est un véritable manifeste de ce qu'il développera ensuite dans son Séminaire et ses écrits.

La nouvelle société, qui n'est plus membre de l'I.P.A., éclate en 1964. Deux groupes en sont issus : l'Association psychanalytique de France, qui intègre l'I.P.A., et l'École freudienne de Paris, fondée par Lacan, que rejoint Dolto.

Les *Écrits* de Lacan paraissent en 1966, et son séminaire se poursuit après Sainte-Anne, à l'École normale supérieure de la rue d'Ulm, puis à la faculté de Droit du Panthéon. Le développement et l'influence du mouvement lacanien est considérable, mais connaît une scission en 1969, à propos de la procédure de la passe*. Piera Aulagnier, François Perrier, Jean-Paul Valabrega et quelques autres fondent l'Organisation psychanalytique de langue française ou Quatrième Groupe.

En 1980, Lacan dissout l'École freudienne de Paris. Il meurt l'année suivante. Le mouvement lacanien s'est ensuite disséminé en de multiples associations d'inégale importance (Analyse freudienne, Association freudienne internationale, Cartels constituants de l'analyse freudienne, Cercle freudien, Convention psychanalytique, École de la cause freudienne, École freudienne, École lacanienne de psychanalyse, École de psychanalyse Sigmund Freud, Errata, Fédération des ateliers de psychanalyse, Espace analytique (Association de formation psychanalytique et de recherches freudiennes), Mouvement du coût freudien, Psychanalyse actuelle, Séminaires psychanalytiques de Paris, Société de psychanalyse freudienne, etc.).

Photocomposition :
Nord Compo
Villeneuve d'Ascq

Masson & Armand Colin Éditeurs
34 bis, rue de l'Université
75007 Paris
Dépôt légal : février 1998

CORLET, Imprimeur, S.A.
14110 Condé-sur-Noireau
N° d'Imprimeur : 28746
Dépôt légal : janvier 1998